NOTES GÉNÉALOGIQUES

SUR LA

FAMILLE HUMBLOT

DE

Villefranche en Beaujolais

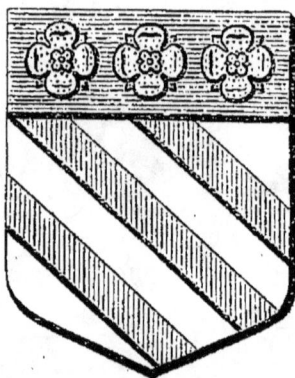

LYON

IMPRIMERIE A. WALTENER ET Cie

14, Rue Belle-Cordière, 14

1882

Notes Généalogiques

SUR LA FAMILLE HUMBLOT

LH88

NOTES GÉNÉALOGIQUES

SUR LA

FAMILLE HUMBLOT

DE

Villefranche en Beaujolais

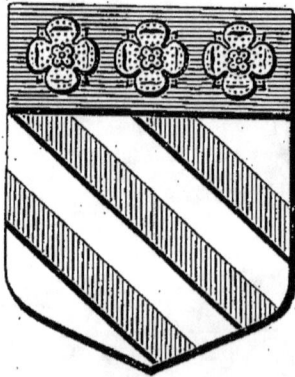

LYON
IMPRIMERIE A. WALTENER ET Cie
14, Rue Belle-Cordière, 14

—

1882

INTRODUCTION

Au même moment que l'auteur des *Notes et souvenirs* exprimait le regret de n'avoir pas recherché, dans les registres de l'état civil de Villefranche, les titres de filiation de la famille Humblot, un vieil ami de la famille recueillait ces titres, tout en poursuivant d'autres recherches sur l'histoire du Beaujolais. Grande fut donc notre joie d'annoncer à M. Paul Humblot que le souhait qu'il avait formé se trouvait à peu près réalisé : le dépouillement des registres paroissiaux de Notre-Dame-des-Marais fournissait une série ininterrompue de six générations remontant jusqu'au milieu du xviie siècle, époque où Claude Humblot, fils de Jean, quitta Beaujeu et s'établit à Villefranche.

Les registres paroissiaux de Saint-Nicolas de Beaujeu, les registres de délibérations du corps de ville et de la commission administrative de l'Hôtel-Dieu de Villefranche, les archives de l'archevêché de Lyon et quelques documents de provenances diverses nous ont permis de développer, sinon de compléter, le premier travail.

N'espérant pas découvrir de nouvelles sources d'informations, nous publions le résultat de nos recherches, malgré de légères lacunes que nous aurons à signaler. Sur plus d'un point, ces notes pourront servir de pièces justificatives à l'étude si attrayante et si littéraire de l'éminent magistrat, en qui se personnifient les traditions d'intégrité, de talent et de foi d'une famille dont le nom occupe une place d'honneur dans l'histoire du Beaujolais.

*
* *

Comme introduction aux *Notes généalogiques*, nous réunissons ici, en deux paragra-

phes, les indications recueillies : 1° sur les
Humblot dont le lien de parenté avec ceux de
Beaujeu ou de Villefranche n'a pu être cons-
taté ; 2° sur les Humblot de Beaujeu, parents
ou ascendants de ceux de Villefranche.

§ 1ᵉʳ — 1. Le P. Humblot, qui prononça
l'oraison funèbre du duc Henri de Montpensier, au service solennel que les habitants
de Trévoux firent célébrer pour ce prince en
1608, était né à Verdun en 1569. Dans sa
Bibliothèque lorraine, Dom Calmet lui con-
sacre une longue notice. « *François Humblot*,
dit-il, fut un des plus beaux esprits, des plus
doctes et des plus pieux personnages de son
siècle (1). » Le 10 juillet 1594, il reçut l'habit
des Minimes dans la province de Lyon,
« où il exerça avec applaudissement le minis-
tère de la parole de Dieu. » En 1598, il prit
part aux conférences qui eurent lieu à Pont-
de-Veyle et à Mâcon, entre le P. Dinet, ancien
vicaire général des Minimes, nommé évêque
de Mâcon l'année suivante, et le prédicant
calviniste Cassegrin, établi à Pont-de-Veyle.

(1). — *Bibliothèque lorraine*. Nancy, 1751 ; in-folio,
col. 530-534.

Ces conférences, données en présence des magistrats, des principaux habitants et de plusieurs évêques, furent un triomphe pour le catholicisme. « Les religieux Minimes, dit le comte de la Rochette (1), qui, avec Gaspard Dinet, assurèrent cette éclatante victoire de la vérité sur l'erreur, étaient les PP. Jean-François, Ricard et Humblot, tous trois aussi renommés par leurs vertus que par leur érudition et leur éloquence. Le P. Humblot, prédicateur de Marie de Médicis, a publié ces conférences dans un recueil dédié à la reine. Lyon, 1598. »

Le P. François Humblot, après avoir été provincial de Touraine et avoir refusé l'évêché de Montpellier, mourut à Tours le 29 octobre 1612, âgé seulement de 43 ans. Il fut enterré dans la chapelle et au pied du tombeau où reposait saint François de Paule, fondateur de l'Ordre des Minimes.

2. Un autre *François Humblot*, du diocèse de Langres, reçut, à Lyon, les ordres mineurs, le 5 mars 1667, des mains de l'archevêque Camille de Neufville.

_____

(1). — *Histoire des évêques de Mâcon*; t. 11, p. 507.

3. Des lettres démissoires pour le diaconat
et la prêtrise furent accordées, le 29 mai 1722,
à *Claude-Étienne Humbelot* de Villiers (1),
sous-diacre, chanoine de l'église d'Autun, par
Paul de Neufville de Villeroy, archevêque de
Lyon, administrateur de l'évêché d'Autun, le
siège vacant. Le 13 mars suivant (1723), Claude-
Étienne reçut la prêtrise des mains du même
archevêque.

4. Sur la signature apostolique, donnée à
Rome près Saint-Pierre, le 4 des nones de mai
(12 mai) 1645, 1re année du pontificat d'Innocent X, le cardinal Alphonse-Louis du
Plessis de Richelieu, archevêque de Lyon,
pourvut, le 20 juin 1645, de la cure d'Odenas
en Beaujolais, vacante par la résignation de
Philibert Billion, *Benoît Humblot*, prêtre du
diocèse de Mâcon.

Cette dernière indication nous fait penser
que Benoît était natif de Beaujeu, car cette
ville dépendait alors du diocèse de Mâcon.
Ce qui nous confirme dans cette opinion, c'est
que Benoit Humblot, curé d'Odenas, fut

(1). — On trouve tantôt *Humblot*, tantôt *Humbelot*,
dans les registres de Villefranche et de Beaujeu.

parrain, à Saint-Nicolas de Beaujeu, le 17 janvier 1650, de Jeanne, fille de Jean Gelay et de Claudine Humblot. Peut-être Jeanne était-elle sa nièce. Dans cette hypothèse, Benoît serait le frère aîné de Claude, auteur de la branche de Villefranche.

§ 2me. — Vers la fin du XVIe siècle et au commencement du XVIIe, quatre chefs de famille, portant le nom de Humblot, étaient établis à Beaujeu : Lot, Thomas, Jean et Antoine. Quels liens de parenté les unissaient entre eux ? Nous l'ignorons. Les registres paroissiaux de Beaujeu ne vont pas au delà de l'an 1574. La première mention que nous y avons trouvée de la famille Humblot est de 1588 ; le 21 novembre de cette année, Lot Humblot fut parrain à Saint-Nicolas de Beaujeu. Il est possible que quelques noms aient échappé à nos recherches, bon nombre de ces actes anciens étant à demi effacés par le temps ou peu lisiblement écrits.

Voici ce que nous avons recueilli sur chacun des quatre Humblot prénommés. Tous les quatre, particularité assez remarquable, étaient dans l'industrie de la tannerie, alors très florissante à Beaujeu.

1. Lot. — Il avait épousé Jacqueline Pacquier ou Pasquier. De cette union, deux enfants : *Thoyne* (Antoinette), baptisée le 13 février 1592, et *Abraam* (Abraham), baptisé le 21 décembre 1598. Lot est qualifié marchand bourgeois (1602), et couroyeur (1608).

2. Thomas. — Il avait épousé Jeanne Ducrou ou Deriou. De cette union, trois enfants : *Claudine*, baptisée le 30 octobre 1621 ; — *Jacqueline*, baptisée le 24 mai 1623 (parrain, Jean Humblot), et inhumée au cimetière de Saint-Nicolas, le 31 août 1668, après avoir reçu, dans sa maladie, « tous les saincts sacrements requis ; » — *Philiberte*, baptisée le 15 septembre 1625. — Thomas Humblot vivait encore en 1627 ; le 19 janvier de cette année, il assista comme témoin à un mariage.

3. Jean. — Il avait épousé Claudine Crozier. De cette union nous connaissons quatre enfants : *Jean*, baptisé le 3 mars 1621 (parrain : Thomas Humblot ; marraine : Jacqueline Gelay) ; — *Madeleine*, baptisée le 14 mai 1623 ; — *Claude*, baptisé le 15 août 1627, auteur de la branche de Villefranche ; — et *Claudine*, dont nous ignorons la date de naissance, qui épousa Jean Gelay et mourut le 3 juin 1666.

« Le 4 juin 1666, a esté ensépulturé, dans l'église Saint-Nicolas de Beaujeu, le corps de Claudine Humblot, femme de M⁰ Jean Gelay, à laquelle pendant sa maladie luy ont esté administrés les saints sacrements par moy curé dudit lieu soussigné. — Pressavin. » — Jean Humblot vivait encore en 1648 ; le 11 août de cette année, il fut parrain de son petit-fils Jean Gelay.

4. ANTOINE. — Il était né en 1632. Il épousa Jacqueline Denis, de laquelle il eut au moins quatre enfants : *Pierre*, né en 1658, qui épousa, à Villefranche, le 12 février 1686, Benoîte, fille de Pierre Augrast et de Catherine Gobier (1), et mourut le 10 avril 1693 : « le 11 apvril 1693, a esté ensépulturé dans l'église de Saint-Nicolas de Beaujeu, dans la cave de la chapelle Saint-Crespin, le corps de sieur Pierre Humbelot, marchand tasneur, mort dans les sacrements de l'Eglise, aagé de 35 ans, et ce par moy pbre curé dudit Beaujeu, accompagné de nos sociétaires et ecclésias-

(1). — La bénédiction nuptiale fut donnée par Mʳᵉ Saladin, chantre et vicaire. Au nombre des témoins était « sieur Claude Humblot, marchand de Villefranche. »

tiques et mesme du corps des Pénitents dudit
lieu dont ledit sieur avoit l'honneur d'estre ; —
Richard ; » —*Marguerite*, baptisée le 15 octobre 1660 (parrain, Claude Denis, bourgeois de
Beaujeu ; marraine, Marguerite Humblot,
femme de Henry Galland, marchand de Beaujeu); elle épousa Antoine Bechet de qui elle eut
plusieurs enfants, entre autres, Philibert,
baptisé le 14 avril 1697 ; — *Jeanne*, dont nous
ignorons la date de naissance, qui fut inhumée le 24 juillet 1664, dans l'église Saint-
Nicolas ; — *Elisabeth*, dont nous ignorons
aussi la date de naissance, fut marraine, à
Villefranche, le 19 décembre 1694. — Antoine Humblot mourut le 26 juillet 1667, à
l'âge de 35 ans, « après avoir reçu tous les
saints sacrements requis. »

A cette énumération, ajoutons quelques
membres de la famille Humblot, dont nous
avons relevé les noms sur les registres de Beaujeu sans connaître leurs ascendants.

1. *Antoinette*. — Elle épousa Jacques Gi-
roud, de Beaujeu. Jacqueline, issue de ce
mariage, fut baptisée le 17 novembre 1610
(parrain, Jean Humblot; marraine, Pernette
Pasquier).

2. *Marguerite*. — Elle épousa Henry Galland, marchand bourgeois de Beaujeu. Claudine, issue de ce mariage, fut baptisée le
24 novembre 1655. — Marguerite Humblot
et Henry Galland vivaient encore en 1665.

3. *Antoinette*. — Née en 1641. Elle épousa
Hugues Lafont, de Beaujeu. Philiberte, issue
de ce mariage, fut baptisée le 15 avril 1664. —
Antoinette mourut le 29 juin 1677, à l'âge de
36 ans, « après avoir reçu tous les sacrements
requis. » Elle fut ensevelie le 30 juin, au cimetière de l'église Saint-Nicolas.

4. *Claudine*. — « Le 4 mai 1769, a été
inhumée à Beaujeu Claudine Humblot, âgée
de 80 ans, veuve d'Aimé Duperron, morte le
3, dans la réception des sacrements. — Chanrion, vicaire. » Cet acte de sépulture est le
dernier document, relatif à la famille Humblot,
que nous ayons trouvé dans les registres de
Saint-Nicolas. Nous pensons que la branche
de Beaujeu s'éteignit avec Claudine. C'était
l'époque où la branche de Villefranche était
au contraire en pleine prospérité.

*
* *

On pourra remarquer, en parcourant les

Notes qui suivent, que nous avons reproduit
avec soin les noms des parrains et des mar-
raines. C'est une indication utile pour rappeler
les degrés de parenté ou pour faire connaître
les relations d'amitié qui unissaient le parrain
et la marraine à la famille de l'enfant. Tout le
monde sait quelle importance on attachait,
dans les siècles chrétiens, au choix des
personnes qui devaient tenir l'enfant sur les
fonts et contracter avec lui les obligations de la
paternité spirituelle. En introduisant l'enfant
dans la société chrétienne, le baptême mar-
quait la date de sa véritable naissance. Aussi
négligeait-on assez souvent de consigner dans
l'acte baptismal le jour où l'enfant était né.
Mais l'empressement des parents à procurer à
leur enfant la grâce sacramentelle, et les pres-
criptions de l'Eglise à cet égard, permettent
d'assigner généralement une date commune à
la naissance et au baptême ; tout au plus
pouvait-il y avoir l'intervalle d'un jour ou
deux.

L'acte de sépulture attestait d'ordinaire si
le défunt était mort muni des sacrements. Cette
attestation nous paraît précieuse à conserver,
comme une consolante assurance de la destinée

bienheureuse des ancêtres décédés dans les bras de notre sainte mère l'Eglise. Quelle pensée plus douce et plus fortifiante que celle qui nous montre la famille, sans cesse ici-bas dissoute par la mort, se reconstituant au ciel dans la triple unité d'une vie, d'une affection et d'une félicité également immortelles !

S. L.

Lyon, le 14 février 1882.

NOTES GÉNÉALOGIQUES

SUR LA

FAMILLE HUMBLOT

De Villefranche en Beaujolais [1]

ARMES : d'argent à 3 bandes de gueules, au chef d'azur
chargé de trois roses d'or

I

BRANCHE AINÉE

I. — CLAUDE

Fils de Jean Humblot et de Claudine Crozier. Né à Beaujeu. Baptisé le 15 août 1627, dans l'église Saint-Nicolas, par Chattenod, vicaire.

[1] « Suivant la tradition de la famille, dit l'auteur des *Notes et souvenirs*, les Humblot de Villefranche seraient originaires de la Champagne, qu'ils auraient quittée, il y a quelques siècles, pour venir s'établir en Beaujolais. »

Parrain : Claude Moyroud; marraine : damoiselle Aymée de Bussières, de Beaujeu.

Claude épousa : 1° Marguerite DELAPLACE, en 1650 (?);

2° Anne DUMOND, en 1667 ;

3° Anne de CHASTELUS, en 1674 ;

4° Marguerite MARTIN, en 1688.

Le 14 juillet 1655, Claude Humblot, « marchand tasneur de Beaujeu, » fut parrain de sa nièce Marguerite, fille de Jean Gelay et de Claudine Humblot; la marraine était Marguerite Humblot, femme de Henry Galland, marchand de Beaujeu.

M. le baron Paul Thénard nous fait connaître une autre tradition, qu'il tient de son aïeul maternel, Arnould Humblot-Conté. D'après cette tradition, la famille Humblot serait d'origine hollandaise. Le premier Humblot venu en France serait un officier hollandais, des armées de Charles-Quint, fait prisonnier sous François Ier. Il se serait fixé en France avec sa famille qu'il y aurait fait venir. M. P. Thénard trouve des Humblot à Metz, à Neufchâteau, à Langres, à Talmay (le pays qu'il habite), à Dijon, à Chalon-sur-Saône, à Beaujeu, à Villefranche, c'est-à-dire sur une ligne se dirigeant du nord au midi; chez plusieurs, et notamment chez ceux de Talmay qui sont ses concitoyens, il y a des conformités physiques et morales qui le frappent beaucoup. Nous manquons de documents écrits qui justifient cette opinion; remarquons seulement que la physionomie même du nom patronymique (*Humblot*) n'y contredit pas.

Claude Humblot quitta Beaujeu et se fixa à Villefranche en 1658, 1659 ou 1660; nous n'avons pas, sur ce point, d'autres renseignements que les actes de baptême de ses enfants : Jean-Chrysostome, le troisième, fut baptisé à Beaujeu, le 31 décembre 1657, et François, le quatrième, fut baptisé à Villefranche, le 14 juillet 1660.

Il mourut à Villefranche, le 27 mars 1710. « Sieur Claude Humblot, marchand de Villefranche, âgé de 83 ans, décédé le 27 de ce mois de mars 1710, après avoir reçeu ses sacremens a esté enterré le 28 dans l'église collégiale et paroissiale, proche le banc des âmes, par moy sous signé vicaire, avec les cérémonies prescrites dans le rituel pour les enterrements de ceux qui meurent dans la communion de l'Eglise, en présence de sieur Jacques Begule, diacre, et de Claude Begule, parens. — Railhé, vicaire. »

Enfants issus du premier mariage.

(Six)

Claude Humblot épousa Marguerite Delaplace, au plus tard, en 1650. Les registres paroissiaux de Beaujeu manquant de 1649 à 1653, nous n'avons pu trouver l'acte de mariage. Marguerite était sans doute de Beaujeu. Vers cette époque (1655), un des notaires de cette ville était Pierre Delaplace (De La Place) ; peut-être était-il le frère de Marguerite. Les registres de Beaujeu font mention d'autres membres de la même famille : le 5 avril 1682, mariage d'Antoine Delaplace, tanneur ; en 1683, Philibert Delaplace, notaire et procureur ; en 1706, Aymé Delaplace, chirurgien, mari de Henriette Janson.

Marguerite Delaplace mourut à Villefranche, le 24 mai 1666, et fut enterrée le 25, « dans l'une des caves de la chapelle de Saint-Crespin, dans l'église paroissiale... Dans sa maladie a esté assistée de tous ses sacremens. (1) »

1° MARGUERITE. — Née à Beaujeu, en 1651.

A l'âge de 22 ans, elle épousa, à Villefranche, le 7 février 1673, après promesse de mariage passée le 12 janvier précédent, pardevant Mᵉ Hugues Poyet, notaire et procureur au bailliage et élection de Beaujolais, Antoine Durand, marchand de l'Arbresle-en-Lyonnais, âgé de 22 ans. La bénédiction nuptiale fut donnée, dans l'oratoire des Pénitents-Blancs, par Pontus Giliquin, vicaire. Témoins : Jean Chamarat, serrurier à l'Arbresle, et Jean Prost, tanneur à l'Arbresle, tous les

(1) « Pour la sépulture de laquelle nous avons receu, avec la grand messe qui a esté dite, 10 liv. » (Registres paroissiaux de Notre-Dame-des-Marais).

deux beaux-frères de l'époux. — Antoine Durand
devint peu après greffier de Fleurieux-sur-l'Arbresle.

20 CLAUDINE. — Née à Beaujeu. Baptisée dans
l'église Saint-Nicolas, le 31 mai 1655, par Pressavin, sacristain-curé. Parrain : Claude Dubost,
président au grenier à sel de Beaujeu; marraine :
Claudine Crozier (aïeule de l'enfant).

A l'âge de 21 ans, elle épousa, à Villefranche,
le 6 novembre 1676, Charles Bégule, marchand
de Lyon, âgé de 25 ans, fils de feu Pierre Bégule,
marchand de Lyon. La bénédiction nuptiale fut
donnée, dans l'église paroissiale de Notre-Dame-
des-Marais, par P. Giliquin. Témoins : Antoine Durand, greffier de Fleurieux-sur-l'Arbresle,
beau-frère de l'épouse; Guillaume Poirier, maître
chirurgien de Lyon; Jean-Chrysostome Humblot,
frère de l'épouse.

Claudine Humblot vivait encore en 1704.

3° JEAN-CHRYSOSTOME, qui suit (voir p. 26)

4° François. — Né à Villefranche. Baptisé le
mercredi 14 juillet 1660, par P. Giliquin. Parrain : François Danguin, notaire royal et procureur ès cours de Beaujolais; marraine : Françoise
Cartier, femme de noble Aymé de Bussières, conseiller du roi et son procureur en l'élection de
Beaujolais.

François mourut, dans sa 6° année, le 20 novembre 1665, et fut enterré le 21, dans la chapelle de Saint-Crépin. (1)

5° MARIE. — Née à Villefranche. Baptisée le 10 mai 1662. Parrain : noble Claude Tholomet, sieur de Fontenelle, secrétaire de Mademoiselle d'Orléans, souveraine de Dombes ; marraine : Claudine Bonnet, femme de Louis Butty, marchand de Saint-Lagier (Lager).

Marie mourut, dans sa 4e année, le 7 décembre 1665, et fut enterrée le 8, dans la chapelle de Saint-Crépin (2).

6° CLAUDE. — Né à Villefranche, le 6 juin 1664. Baptisé le 7, par P. Giliquin. Parrain : Jacques Garil, avocat en parlement ; marraine : Marie Alex, femme d'André Jacquet, marchand de Villefranche.

Claude mourut, dans sa 3e année, le 21 juin 1666. « Est mort subitement s'estant noyé dans une benne d'eau. » Il fut enterré le 22, dans la chapelle de Saint-Crépin (3).

Enfants issus du deuxième mariage.

(Deux)

Claude Humblot épousa, en deuxièmes noces,

(1) Droit de sépulture, 1 livr. 10 s.
(2) Droit de sépulture, 1 livr. 10 s.
(3) Droit de sépulture, 1 livr. 10 s.

Anne Dumond, en 1667. Celle-ci était âgée de 36 ans ; elle était née en 1631. Elle mourut, âgée de 40 ans, le 7 novembre 1671, et fut enterrée le 8, dans la chapelle de Saint-Crépin, par Alexandre Chaillard, curé de Villefranche. Pendant sa maladie, elle avait reçu les sacrements. A son convoi assistèrent Jean et Pierre Seguin, marchands drapiers.

1º Jeanne. — Née à Villefranche, le 29 octobre 1668. Baptisée le 30, par P. Giliquin. Parrain : Hugues Poyet, procureur en l'élection du Beaujolais ; marraine : Jeanne Dumond, veuve de Benoît Michon, de Grandris. Témoins : Jean Degut, procureur au bailliage, et Jean Troncy, procureur en l'élection.

2º Jean-Marie. — Né à Villefranche, le 6 novembre 1669. Baptisé le 8, par P. Giliquin. Parrain : Jean Marie, maître chirurgien de Villefranche : marraine, Marie Jesse, femme de Guillaume Martin, marchand de Villefranche. Témoins : Antoine Morin, père et fils, tous deux maîtres chirurgiens de Villefranche.

Enfants issus du troisième mariage.

(Quatre)

« Le 21 mai 1674, sieur Claude Humblot, marchand taneur de Villefranche, a retiré sa re-

mise de Mre Pontus Giliquin, prestre vicaire de
Villefranche, pour aller épouzer, en la paroisse
Saint-Georges de Lyon, damoiselle Anne de
Chastelus, fille de defunct noble Jacques de Chas-
telus, sieur dudit lieu, et procureur du roy de
France, et de damoiselle Marie Ravier, sa
femme. » (Registres paroissiaux de N.-D.-des-
Marais).

1° MARIE. — Née à Villefranche, le 22 mars
1675. Baptisée le même jour, par P. Giliquin.
Parrain : noble David Dephelines, seigneur de la
Chartonnière, conseiller du roi, lieutenant criminel au bailliage de Beaujolais ; marraine : Marie
du Rosier, femme de François Mignot, écuyer,
seigneur de Bussy et de la Martizière, conseiller
du roi, lieutenant général au bailliage.

Marie mourut, âgée de 3 mois à peine, le
14 juin 1675, et fut enterrée le 15, dans l'église
paroissiale, « un peu au devant le banc des
âmes. »

2° JEANNE-FRANÇOISE. — Née à Villefranche, le
29 avril 1676. Baptisée le 30, par Zacharie Noyel,
prêtre sociétaire. Parrain : noble François Tournier, conseiller du roi et receveur des consi-
gnations du Beaujolais ; marraine : Jeanne Car-
catizon, femme de noble Jean Gay, conseiller et
procureur général substitué au parlement de
Dombes.

Jeanne-Françoise mourut, dans sa 6ᵉ année, le 11 mars 1682, et fut enterrée le 12, par Pontus Giliquin, chanoine, dans l'église paroissiale, « à costé de la chapelle Saint-Joseph, du costé de vent. »

3° CATHERINE. — Née à Villefranche, le 1ᵉʳ février 1679. Baptisée le 6, par Zacharie Tournier, vicaire. Parrain : Benoît Escoffier, marchand de Villefranche ; marraine : Catherine Lagrive, femme d'Antoine Tholomet, marchand de Villefranche.

Catherine mourut, âgée de 18 mois, le 9 juillet 1680, et fut enterrée le 10, dans le cimetière de Lacenas, en présence de son père.

4ᶜ ÉTIENNE. — Né à Villefranche. Baptisé le 7 juin 1681, par Z. Tournier. Parrain : Etienne Micollier, procureur au parlement, notaire royal au bailliage ; marraine : Claire Dubois, femme de Nicolas Espiney, marchand bourgeois de Villefranche.

Etienne mourut, dans sa 7ᵉ année, le 9 octobre 1687, et fut enterré le 10, dans l'église de Villefranche, par Gilbert Versad, vicaire.

Enfant issu du quatrième mariage.

Claude Humblot épousa, au mois d'avril 1688, Marguerite Martin, laquelle, pensons-nous, était de Lyon. « Le 21ᵉ avril 1688, j'ay donné la remise soubs une seule proclamation faicte, à la charge de la dispance des deux autres, de sieur Claude Humblot et de demoiselle Marguerite Martin, la dicte remise signée de Monsieur le doyen. En foy de quoy je me suis soubsigné. — Versad, vicaire. » Marguerite Martin vivait encore en 1707. Le 18 août de cette année, elle fut marraine, à Villefranche, de Marguerite, fille de Jean-Chrysostome Humblot, son beau-fils.

CATHERINE. — Née à Villefranche, le 18 octobre 1689. Baptisée le 7 novembre suivant, par François Dephelines, chanoine et vicaire. Parrain : Benoît Jacquet, marchand bourgeois de Villefranche ; marraine : Catherine Perrau, femme de Jean-Baptise Lèbre dit Chambon, chirurgien de Lyon.

Catherine mourut, dans sa 13.e année, le 30 septembre 1702, « après avoir reçu tous ses sacremens », et fut enterrée le 1er octobre, dans l'église N.-D.-des-Marais, « proche la chapelle St-Joseph », par Jacques Railhé, vicaire.

II. — JEAN-CHRYSOSTOME.

Né à Beaujeu. Baptisé le 31 décembre 1657, dans l'église Saint-Nicolas, par Pressavin, sacris-

tain-curé. Parrain : noble Jean-Chrysostome Thi-
bault, seigneur de Bellefonts, conseiller du roi,
président au grenier à sel de Beaujeu ; marraine :
Charlotte Muneret, fille de feu noble Jean Muneret, seigneur de la Tour.

Chrysostome épousa : 1° Jeanne-Marie Péronnet
(Peyronnet, Perronnet) ;

2° Anne Thielly, en 1690.

Il prit de bonne heure la direction de l'établissement industriel fondé par son père. C'est
du moins ce qu'on peut inférer de l'acte de
décès suivant, tiré des registres paroissiaux.
« Le 31ᵉ jour du mois de mars 1683, est décédé,
en la Charité de Villefranche, Jean Aurelle,
âgé d'environ 21 ans, d'Yssengeaux en Velay,
apprentier chez sieur Jean-Chrysostome Humblot,
marchand taneur de Villefranche. » A cette date,
Jean-Chrysostome n'avait pas encore vingt-six ans.

Le 11 mars 1706, il fut parrain, à Villefranche,
de Françoise, fille de Claude Thielly et de Marianne Fontneuve.

Jean-Chrysostome Humblot fut nommé échevin de Villefranche, avec Antoine Janson, le 2 décembre 1703, pour les années 1704 et 1705. Cette
nomination fut confirmée par brevet du duc d'Orléans, baron de Beaujolais, en date du 24 du même
mois, et les deux nouveaux échevins furent installés le 8 janvier 1704 (Pièces justificatives; I, p. 123)

Echevin.

Les échevins étaient des officiers élus par leurs concitoyens pour administrer les affaires de la ville. Leurs
fonctions étaient généralement temporaires ; cependant, à Tours, les échevins étaient nommés à vie, et
nous verrons plus loin que Louis XIV créa des échevins perpétuels. A Paris, à Dieppe, à Lyon, les échevins étaient anoblis par leur magistrature. « Un nom
honorable, une réputation sans tache, la capacité per-
sonnelle ; voilà les qualités que les villes recherchaint
dans leurs mandataires » (1). Le nombre et les attributions des échevins, ainsi que la durée de leur mandat,
n'étaient point les mêmes partout.

A Villefranche, il y avait quatre échevins, et ils
étaient élus pour deux ans. Le renouvellement avait
lieu, chaque année, par moitié. Cette sage mesure
était sans doute l'application de l'ordonnance de
saint Louis (22 juillet 1256), prescrivant le renouvellement annuel des officiers municipaux, par moitié seulement, afin que les affaires ne fussent point
transmises immédiatement et entièrement à des mains
inexpérimentées. L'élection se faisait à l'Hôtel-de-
Ville, au mois de décembre, ordinairement le dimanche qui précédait la fête de saint Thomas. Le
peuple se réunissait par corps de métiers formant
huit confréries : Sainte-Anne, Saint-Sébastien, Saint-
Jacques, Saint-Honoré, Saint-Joseph, Saint-Eloi, Saint-
Crépin et Saint-Simon. Chacune des confréries désignait des délégués pour prendre part à la nomination

(1) *Encyclopédie des gens du monde,* au mot *Echevin.*

des deux nouveaux échevins, nomination faite à la pluralité des voix. C'était l'élection à deux degrés. Les élus prêtaient serment entre les mains du lieutenant général du bailliage et juraient de maintenir les privilèges et franchises de Villefranche. Ils se rendaient ensuite à Lyon, auprès du gouverneur de la province, pour jurer fidélité au roi.

Tel était le mode primitif de nomination des échevins. Il s'altéra peu à peu, à mesure que s'étendait, au préjudice des libertés communales, l'action centralisatrice de l'Etat. Le procès verbal de la nomination de Jean-Chrysostome Humblot, que nous reproduisons aux pièces justificatives, montre que, dès le commencement du XVIIIe siècle, l'élection des échevins était soumise à la confirmation du duc d'Orléans, comme baron du Beaujolais. C'était l'époque où Louis XIV supprimait à moitié le principe de l'élection en transformant deux des échevins en officiers royaux. Plus tard, comme on peut le voir par le brevet délivré, le 3 janvier 1782, à Jean–Baptiste Humblot, la nomination du maire et des deux premiers échevins était réservée au duc d'Orléans, lequel choisissait un des trois sujets présentés pour chacune des places. (1)

(1) Vers le milieu du XVIIIe siècle, le maire et les deux premiers échevins étaient à la nomination du duc d'Orléans, et il n'y avait plus que deux échevins électifs. De 1766 à 1775, les deux échevins électifs furent remplacés par quatre conseillers de ville et dix notables « élus par les députés des différents corps de Villefranche. » De

Les attributions des échevins de Villefranche « embrassaient tout ce qui avait rapport à l'administration de la ville et à l'emploi de ses deniers, ainsi que la nomination des charges dépendant de l'Hôtel-de-Ville, en y comprenant celle de recteur du collège et celles des officiers de la milice bourgeoise. En temps de guerre ou de troubles, eux seuls pouvaient mettre les habitants sous les armes, leur donner le mot d'ordre, etc. Une de leurs principales fonctions était la répartition des impôts dans la ville, après que le bureau d'Election en avait fixé le chiffre total. — Lorsqu'il se présentait quelque question d'intérêt général pour la province, les échevins convoquaient les officiers des différentes châtellenies pour en délibérer. Après la discussion, le vote avait lieu à la pluralité des voix, et la décision avait force de loi dans tout le Beaujolais (1). »

« Les échevins, disent les *Mémoires* de 1671, sont encore en possession de choisir et présenter à Mgr l'archevêque de Lyon un prédicateur pour l'Advent et le Carême, que la ville paye tous les ans... Ils ont l'honneur de porter le poesle sur le Saint-Sacrement, revêtus de la marque consulaire, le jour de la Feste-Dieu et aux autres occasions importantes, où l'on porte le Saint-Sacrement parmy la ville aux processions

1775 à 1782, suppression des conseillers et des notables ; le maire et les échevins restent en charge plusieurs années. De 1782 à 1790, rétablissement des quatre échevins. En 1790, le nombre en est porté à six.

(1) *Histoire du Beaujolais*, par de la Roche la Carelle ; t. II, p. 259.

générales; ils ont leur séance à la gauche et dedans le chœur de l'église paroissiale; et quand ils marchent en cérémonie, revêtus de la marque consulaire, ils sont précédés de quatre sergens de ville portant leurs hallebardes, du secrétaire de la ville, et suivis des quatre mandevilles portant leurs manteaux (1). »

A dater de 1704, le nom de Jean-Chysostome Humblot est accompagné, dans les actes publics, des qualifications suivantes : « Conseiller du roi et l'un des échevins perpétuels de la ville et communauté de Villefranche. »

Le titre de conseiller du roi, qui se donnait plus régulièrement aux officiers royaux de judicature, s'étendait à la plupart des officiers du royaume. Il était simplement honorifique. En ce qui concerne Jean-Chrysostome, nous pensons qu'il lui fut attribué avec l'office d'échevin perpétuel.

L'extrait suivant de la délibération de la municipalité de Villefranche, du dimanche 8 décembre

Conseiller
du roi
et échevin
perpétuel

(1) *Mémoires contenant ce qu'il y a de plus remarquable dans Villefranche, capitale du Beaujolois.* 1 vol. in-4°, p. 73- 74.

« A Lyon, on nomme *mandeûrs* les sergents de ville ou huissiers qui marchent devant le prévôt des marchands et les échevins, avec leurs verges et l'écusson brodé des armoiries de la ville sur leurs mandilles ou casaques » (*Dictionnaire de Trévoux,* au mot *Mandeur.*) Mandeville avait la même signification que mandeur.

1704, fera connaître l'origine de l'échevinat perpétuel :

« ..... Mondit sieur le maire a dit à l'assemblée que le roy, par son édit du mois de janvier dernier, a créé en titre d'office, dans toutes les villes et lieux de son royaume, des eschevins, consuls, capitouls, jurats et autres officiers municipaux, pour y remplir moitié desdites places qui ont jusqu'à présent été remplies par élection, et que, dans les villes où l'usage est d'en avoir quatre, les deux titulaires remplissent la première et la troisième places, et les électifs la deuxième et la quatrième, lesquelles première et troisième places, se trouvant à présent remplies par les sieurs Jean-Chrysostome Humblot et Claude Perrin eschevins, qui ont acquis depuis quelque temps les deux offices d'eschevins titulaires, il ne restait que le sieur Janson pour remplir la deuxième, et qu'il fallait choisir parmi les notables de la ville un sujet pour remplir la quatrième, le tout en conformité du susdit édict, etc... »

La création de l'échevinat titulaire ou perpétuel n'était en réalité qu'une des mesures fiscales nécessitées par l'épuisement des finances, à l'époque de la guerre de la succession d'Espagne.

Jean-Chrysostome remplit les fonctions d'échevin durant près de six années, c'est-à-dire depuis le 8 janvier 1704 jusqu'à sa mort. Un de ses derniers actes comme échevin témoigne de son « zèle pour le service divin et la décoration de la ville. » Le 12 juillet 1709, il proposa à « Messieurs les maire, lieutenant de maire et échevins, assemblés en l'hostel commun de la ville, » de faire réparer à ses frais la principale cloche de l'église collégiale et paroissiale qui, depuis longtemps, n'était plus « en estat de sonner. » Il mettait comme unique condition à sa libéralité qu'on choisît pour sonneur « le nommé La Verrière, très-entendu à l'entretien des cloches et des clochers, et qu'on lui donnât le soin de l'horloge du clocher de la dite église. » Ces offres furent acceptées avec reconnaissance, et Jean-Chrysostome fut commis pour dresser le procès-verbal de la visite du clocher et de l'horloge, le jour de la mise en possession du nouveau sonneur. (Pièces justificatives; I, p. 126) La signature de Jean-Chrysostome, apposée au bas de la délibération du 12 juillet, est la dernière que nous ayons trouvée de lui dans les registres de la municipalité.

Il mourut peu de temps après, le 16 septembre 1709 (1), dans la 52ᵉ année de son âge,

(1) On sait que l'année 1709 fut une année calamiteuse. A Villefranche, la mortalité atteignit un chiffre exceptionnellement élevé: 422 enterrements, pour 84 baptèmes et 13 mariages. En 1708, il n'y en avait eu que 130; en 1711, il y en eut 72 seulement, et, en 1712, 102.

muni des sacrements de l'Eglise, et fut enterré le 17, par J. Railhé, vicaire, « proche la chapelle St-Crespin, en présence de Mᵉ Claude Cusin, secrétaire de la maison et communauté de Villefranche, et de Claude Bégule, maistre taneur et parent. »

Enfants issus du premier mariage.

(Quatre)

Point de renseignements sur Jeanne-Marie Péronnet, première femme de Jean-Chrysostome Humblot. Peut-être était-elle originaire de Saint-Etienne-en-Forez. Elle mourut en 1688 ou 1689.

1º Claude. — Né à Villefranche, le 30 mai 1684. Baptisé le 31, par P. Giliquin. Parrain : Claude Humblot, aïeul de l'enfant ; marraine : Anne Rey, veuve d'Antoine Péronnet, marchand, de Saint-Etienne-en-Forez.

Conseiller du roi et échevin perpétuel

Claude avait 25 ans à la mort de son père. Il lui succéda dans sa charge d'échevin perpétuel. Le 10 juin 1713, il assista, en cette qualité, à l'inhumation de dom Ennemond Germain, ancien sacristain de l'abbaye de Joug-Dieu. Nous trouvons sa signature au procès-verbal de la délibération du corps de ville, du 2 septembre 1714, pour la nomination des collecteurs de l'année 1715. Dans le procès-verbal de l'installation de Jacques-François Mignot de Bussy, comme maire de Villefranche, qui eut lieu le dimanche 8 novembre 1714, nous lisons : « En laquelle assemblée, M. le lieutenant-général, ayant à ses côtés Messieurs Claude Humblot, Philibert Bertucat, et Jean-Baptiste Goyet et Donzy, échevins titulaires et électifs, etc. » Les registres paroissiaux de Lacenas portent, à la date du 24 mai 1715, comme témoin d'un baptême : « Maistre Claude Humblot, conseiller du roy, échevin perpétuel en la mairie de Villefranche. » La signature de Claude Humblot paraît pour la dernière fois, sur le registre des délibérations du corps de ville, au procès-verbal de l'assemblée des échevins, du 16 avril 1717.

Nous n'avons pu découvrir l'acte de décès de Claude Humblot.

2º **Jean-Joseph.** — Né à Villefranche, le 23 mai 1685. Ondoyé le même jour, par Jean Saladin, chantre et chanoine de N.-D.-des Marais ; présenté, le 15 juillet suivant, aux cérémonies du baptême, qui furent faites par P. Giliquin. Parrain : Jean-Joseph Dumeynet, prêtre, curé de Blacé ; marraine : Charlotte de la Tour, femme de Noyel Dumeynet, avocat en parlement.

3º **Antoine.** — Né à Villefranche, le 20 octobre 1686. Ondoyé le même jour, « par permission de M. le vicaire général de Lyon » ; présenté, le 8 octobre de l'année suivante (1687), aux cérémonies du baptême, qui furent faites par Gilbert Versad, chanoine d'Aigueperse, vicaire de Villefranche. Parrain : Antoine Courbon, prêtre, docteur en théologie, chanoine de Saint-Nizier de Lyon, vicaire général des religieuses du diocèse de Lyon, accompagné de Jean Corton, archiprêtre d'Anse ; marraine : Marie Gaudet, veuve de Claude Tholomet, conseiller secrétaire au parlement de Dombes.

4° JEANNE-MARIE. — Née à Villefranche, le 29 février 1688. Baptisée le 2 mars, par G. Versad. Parrain : Jean-François Plassanson, procureur ès cours de Lyon ; marraine : Jeanne - Marie Humblot, fille de Claude Humblot (1).

Le 7 août 1700, elle fut marraine de sa sœur Jeanne-Marie, qui ne vécut que deux jours.

Jeanne-Marie épousa :

1° A l'âge de 21 ans, le 22 octobre 1709, Claude Cusin, secrétaire de la maison et communauté de Villefranche . La bénédiction nuptiale fut donnée par J. Railhé. Témoins : Claude Cusin,

(1) Ni dans les registres de Villefranche, ni dans les registres de Beaujeu, nous n'avons trouvé l'acte de baptême de Jeanne-Marie, fille de Claude Humblot. Nous sommes porté à croire que cette Jeanne-Marie n'est autre que Jeanne, née le 29 octobre 1668.

avocat en parlement; Claude Perrin, échevin perpétuel de Villefranche et commissaire aux saisies réelles; Pontus Rabut, marchand; Claude Humblot, frère de l'époux. — Claude Cusin était veuf de Claudine Rabut. Le 22 février de cette année 1709, sa fille Judith, issue de son premier mariage, était morte à Lacenas, âgée d'un an et demi. Il mourut en 1725 ou en 1726; à la date du 22 février 1725, on trouve, dans les registres paroissiaux, l'acte de baptême de Jacques-François-Marie, fils de Claude Cusin et de Jeanne-Marie Humblot. Le décès de Claude Cusin n'est pas mentionné sur les registres de Villefranche.

2° A l'âge de 39 ans, Jeanne-Marie Humblot, veuve de Claude Cusin, épousa, le 28 avril 1727, Charles Bernard, sieur de la Serré, bourgeois de Villefranche, fils de feu Antoine Bernard, sieur de la Serré, bourgeois de Paris, et d'Elisabeth de Barrière. Jean-Baptiste Trollieur, doyen-curé de Villefranche, célébra le mariage, avec dispense « des trois publications, du lieu et de l'heure, » donnée le 25 avril par l'archevêque de Lyon. Témoins: Jacques-André Noÿel, seigneur de Fontenaille et Montclair, écuyer, conseiller du roi et receveur des tailles de l'élection du Beaujolais; Claude-Antoine Humblot, marchand de Villefranche, frère paternel de l'épouse; Jean-Baptiste Rabut, bourgeois de Villefranche ; Dominique Malleval, praticien.

Le 24 février 1728, Jeanne-Marie Humblot, « épouse de sieur Bernard de la Serré, bourgeois de Villefranche, » fut marraine, à Villefranche, de Laurent, fils d'Antoine Dubost, procureur ès cours de Beaujolais. — Le 16 janvier 1729, Jeanne-Marie Humblot, « épouse de M. Charles Bernard de la Serré, greffier de l'élection de cette ville, » fut marraine de son neveu Louis, fils de Claude-Antoine Humblot. (1)

Jeanne-Marie mourut, dans sa 43e année, le 30 décembre 1730, « après avoir reçu tous ses sacrements, » et fut enterrée le 31, au cimetière de Roncevaux, par J.-B. Trollieur, doyen-curé de Villefranche. (2)

Enfants issus du second mariage.

(Dix)

Jean-Chrysostome Humblot épousa, en secondes noces, le 17 octobre 1690, Anne Thielly, âgée de 21 ans, fille de Pierre Thielly, marchand canabas-

---

(1) Signé au registre : Humblot de la Serré.

(2) Après la mort de Jeanne-Marie Humblot, Charles Bernard de la Serré épousa Claudine Poisat. — *L'Almanach de Lyon* pour 1762 le porte comme étant encore greffier en chef de l'élection.

sier (1) de Villefranche, et d'Anne Sabatin. La bénédiction nuptiale fut donnée par F. Déphelines, chanoine et vicaire de N.-D.-des-Marais. Témoins : Jean-Joseph Dumeynet, curé de Blacé ; Pierre Bernard ; Antoine Durand ; Charles Bégule.

Anne Thielly avait été baptisée le 28 novembre 1668, par P. Giliquin, vicaire. Parrain : Claude Laurens, notaire royal, secrétaire de la ville et greffier au bailliage ; marraine : Marguerite Danguin, femme d'Antoine Sabatin.

Elle avait pour sœur Benoîte Thielly qui épousa, le 15 août 1694, Jean Lagier, marchand de Lyon. A cette date, Pierre Thielly, leur père, était décédé.

Anne Thielly mourut à Villefranche, le 14 janvier 1733, âgée de 64 ans, « après avoir reçu tous ses sacremens, » et fut enterrée dans l'église paroissiale le 15, par le doyen-curé, en présence de Claude Humblot, fils de la défunte.

1º CLAUDINE. — Née à Villefranche, le 29 no-

---

(1) Le mot *canabassier* vient sans doute du latin *cannabis*, chanvre, et répondrait au mot *toilier*. Le *Dictionnaire de Trévoux* ne donne pas le mot canabassier, mais il définit *canabassette* : « Etoffe dont il est fait mention dans le tarif de la douane de Lyon de 1632. Il y en a de deux sortes : les unes sans soie, et les autres rayées de soie. » — Pierre Thielly mourut à l'âge de 60 ans, et fut enterré le 8 avril 1693, dans l'église N.-D.-des-Marais.

vembre 1691. Baptisée le 30, par F. Dephelines,
Parrain : Claude Humblot, marchand (probable-
ment le grand-père); marraine : Claudine Thielly,
veuve de Martin Josseran. (1)

Les registres paroissiaux d'Arnas portent
comme marraine « d^{lle} Claudine Humblot, » aux
dates du 11 février 1704 et du 11 juin 1714.

2º **Claude.** — Né à Villefranche, le 23 décembre 1692. Baptisé le 24, par Gachet, vicaire. Parrain : Claude Cusin, avocat en parlement; marraine : Marguerite Danguin, femme de Louis
Mabiez, conseiller du roi, élu en l'élection du
Beaujolais.

Claude vivait encore à la mort de sa mère,
en 1733.

3º **Anne.** — Née à Villefranche, le 17 février 1694.
Baptisée le 18, par Pierre Simonard, doyen-curé.
Parrain : Claude Perrin, notaire royal et greffier
du bailliage ; marraine : Anne Troncy, fille de feu
Jean Troncy, notaire royal et procureur au bailliage. Témoin : Benoît Cusin, procureur au
bailliage.

4º **François.** — Né à Villefranche, le 16 juin 1696.

(1) Claudine Thielly était sans doute une tante d'Anne
Thielly. Elle mourut à Villefranche le 26 février 1694, âgée
de 50 ans, et fut enterrée le 27, dans l'église des Corde-
liers.

Baptisé le même jour, par P. Giliquin, chanoine.
Parrain : François Despiney, marchand de Villefranche; marraine : Claudine Thielly, femme de
Pierre Bernard, marchand canabassier de Villefranche.

François mourut, dans sa 30e année, le
22 juin 1725, « après avoir reçu tous ses sacrements, » et fut enterré le 23, dans l'église de Villefranche, par Louis Pilliet, vicaire.

5º CLAUDE-Antoine, qui suit (voir p. 43)

6º JEANNE-MARIE. — Née à Villefranche, le
7 août 1700. Baptisée le même jour, par P. Simonard. Parrain : Louis Meurier, fils de Humbert
Meurier, marchand de Villefranche ; marraine :
Jeanne-Marie Humblot, sœur de l'enfant. Témoins : Humbert Meurier, et Claude Meurier,
son fils.

Jeanne-Marie mourut, âgée de 2 jours, le
9 août 1700, et fut enterrée dans l'église de Villefranche, « près la chapelle de St-Joseph. »

7º FRANÇOISE. — Née à Villefranche, le 5 octobre 1703. Baptisée le 6, par J. Railhé, vicaire. Parrain : Pierre Ballay, marchand drapier de Lyon;
marraine : Françoise Bégule, fille de Charles
Bégule, marchand de Lyon, oncle de l'enfant.
Témoins : Jacques Demeaulx, bourgeois de Villefranche, et Pierre Cottin.

Le 12 juillet 1723, Françoise Humblot fut

marraine, à Villefranche, de sa nièce Françoise
Cusin, fille de Claude Cusin et de Jeanne-Marie
Humblot.

A l'âge de 21 ans, le 8 juin 1724, elle épousa
Jean-Baptiste Rabut, bourgeois de Villefranche,
fils de feu Pontus Rabut et de Louise Bailly,
marchand de Villefranche, procédant de l'autorité
de François Bailly, bourgeois de Mâcon, demeurant à Beauregard, son oncle maternel. La bénédiction nuptiale fut donnée par J.-B. Trollieur,
doyen-curé de Villefranche. Témoins : Claude
Humblot, frère de l'épouse ; Claude Cusin, secrétaire de la ville (beau-frère de l'épouse) ; Claude
Bégule, marchand ; Louis Bernard, marchand.

Françoise mourut, dans sa 23e année, le 11 mars
1726, « après avoir reçu tous ses sacrements, » et fut
enterrée le 12, au grand cimetière, par J.-B. Trollieur.

8° Antoine. — Né à Villefranche, le 10 février 1705. Baptisé le 12, par J. Railhé. Parrain :
Antoine Greysolon, bourgeois de Lyon ; marraine :
Madeleine Buffard, fille de Claude Buffard, procureur ès cours de Lyon. Témoins : Sébastien-
Yves de Rétis, prieur du Roset, et Claude Humblot, grand-père.

Antoine mourut, âgé de 12 jours, le 22 février 1705, et fut enterré le 23, au cimetière
d'Arnas.

9° JEANNE-FRANÇOISE. — Née à Villefranche. Baptisée le 13 avril 1706, par P. Simonard. Parrain : Pierre Delandine, notaire royal et procureur ès cours de Beaujolais ; marraine : Jeanne-Françoise Mabiez, fille de Louis Mabiez, sieur de Rousseilon (?), conseiller du roi, élu en l'élection du Beaujolais. Témoins : Louis Mabiez, Claude Humblot (grand-père), et Claude Perrin, conseiller du roi, échevin perpétuel.

10° MARGUERITE. — Née à Villefranche, le 18 août 1707. Baptisée le même jour, par J. Railhé. Parrain : Claude Thielly, marchand de Villefranche ; marraine : Marguerite Martin, femme de Claude Humblot (grand-père). Témoins : Claude Humblot, fils de Jean-Chrysostome Humblot, et Louis Rabut.

III. — CLAUDE-Antoine.

Né à Villefranche, le mercredi 31 juillet 1697. Baptisé le dimanche 4 août, par Compain, vicaire. Parrain : Claude Buffard, procureur ès cours de Lyon ; marraine : Elisabeth Dubost, femme de Jean Laurens, avocat en parlement. Témoins : Antoine Desvernay, procureur ès cours de Lyon ; Arnoux Tournier, procureur ès cours de Beaujolais ;

Claude Perrin, notaire royal et greffier au bailliage du Beaujolais.

Claude Humblot épousa Anne Deroux, en
1725 (?).

Il mourut, dans sa 53e année, le 12 décembre
1749, « après avoir reçu ses sacrements, » et fut
enterré le 13, dans l'église paroissiale, par
Matthieu Chastelain d'Essertine, curé-sacristain,
en présence « de MM. les doyen et chanoines du
Chapitre. »

Enfants issus du mariage.

(Seize)

Anne Deroux était née à Chalon-sur-Saône, en
1702. Elle mourut, âgée de 67 ans, le 13 janvier 1769,
et fut enterrée le 14, dans l'église de Villefranche,
par Jean-Jacques Lièvre, en présence du Chapitre.
Témoin : Joseph-Gabriel Carre, vicaire.

Anne Deroux avait une sœur, Françoise
Deroux, mariée à Jean-Louis Desarbres. Abigaïl
Deroux, femme de Gabriel Desarbres, négociant
à Chalon, était sans doute aussi sa sœur.

1° ANNE. — Née à Villefranche, le 2 septem-
bre 1726. Baptisée le même jour, par Louis
Pilliet, chanoine et vicaire. Parrain : Claude
Bégule, marchand tanneur; marraine : Anne

Thielly, veuve de Jean-Chrysostome Humblot, aïeule paternelle de l'enfant.

2° Charles. — Né à Villefranche, le 18 mars 1728. Baptisé le 19, par J.-B. Trollieur, doyen. Parrain : Charles Bernard de la Serré, bourgeois de Villefranche; marraine : Jeanne-Françoise Boules (?), veuve de Benoît Deroux, marchand de Chalon.

Le 27 novembre 1738, Charles, alors âgé de 10 ans et demi, fut parrain de son frère Jean-Chrysostome.

Il reçut les ordres mineurs, le 27 mai 1747, des mains de Mgr Navarre, évêque de Cydon *in partibus*, suffragant de Lyon et vicaire général du cardinal de Guerin de Tencin, archevêque de Lyon; — le sous-diaconat, le 27 mars 1751, du même; — le diaconat, le 18 décembre 1751, du même; — la prêtrise, le 7 avril 1753, des mains de Mgr Gaspard-Alexis de Plan des Augiers, évêque de Die, délégué par le cardinal de Tencin; l'ordination eut lieu dans la chapelle du séminaire de Saint-Charles, à Lyon.

Le 12 octobre 1751, Charles Humblot, alors sous-diacre, fut requis, avec Louis Vermorel, procureur, comme témoin dans le concordat ou règlement intervenu entre le Chapitre de Villefranche et le cardinal de Tencin représenté par son vicaire général Gabriel-César de Saint-Aulbin de Saligny.

Chanoine A l'âge de 24 ans et demi et n'étant encore que diacre (1), Charles Humblot fut élu, le 30 août 1752, à l'unanimité des suffrages, chanoine titulaire du Chapitre collégial de Villefranche, en remplacement de Claude-Antoine de la Roche-Laval, décédé la veille, 29 août. Le cardinal de Tencin approuva l'élection et conféra l'institution canonique le 1ᵉʳ septembre. Le dimanche suivant, 10 septembre, Charles Humblot prit possession de son canonicat. Ses témoins étaient : Claude-François Cusin, conseiller du roi, lieutenant particulier, assesseur criminel; Jacques-Guillaume Trollieur de la Vaupierre, aussi conseiller du roi ; noble Pierre Teillard, avocat en parlement; Charles Bernard de la Serré, greffier en chef en l'élection de Beaujolais (Pièces justificatives; II, p. 128 et ss.).

L'église paroissiale de Villefranche, sous le vocable de Notre-Dame-des-Marais, était, de temps immémorial, desservie par un curé et par une société de prêtres nés dans la ville. Le nombre des sociétaires, d'abord indéfini, avait été ensuite fixé à six, outre le curé, par l'official de Lyon. A la demande des habitants, l'ar-

(1) Nul ne pouvait être pourvu du canonicat qu'il ne fût « déjà promu de quelqu'un des ordres sacrés, ou du moins en état de l'être dans l'année à compter du jour de sa provision. » Avant le sous-diaconat, le titulaire du canonicat ne jouissait d'aucun revenu ; sous-diacre ou diacre, il jouissait de la moitié seulement de sa portion.

chevêque Camille de Neufville, « pour la plus grande
gloire de Dieu, l'accroissement de son culte, la décoration et l'avantage de ladite église et ville », érigea
l'église paroissiale en église paroissiale et collégiale,
et la cure et société en Chapitre, par sentence du
31 janvier 1682.

Le nouveau Chapitre était composé de deux dignitaires (un doyen-curé et un chantre) et de cinq
chanoines. La nomination du doyen-curé appartenait
au prieur de Salles, comme nominateur de la cure de
Villefranche ; celle du chantre, à l'archevêque de Lyon ;
pour les cinq autres canonicats, le droit de nomination
et de présentation était réservé au Chapitre. Le
vicaire général Bedien Morange procéda à l'installation
solennelle du Chapitre, le dimanche 8 mars 1682. Par
lettres patentes, données à Chambord, au mois de
septembre de la même année, Louis XIV « voulant,
disait-il, favorablement contribuer à l'exécution d'un
si louable dessein et participer aux prières journalières
dudit Chapitre, » loua, agréa, confirma et autorisa
« ledit changement d'état de ladite église Notre-Dame
de Villefranche en église collégiale et paroissiale, et la
cure et société en Chapitre..... A la charge, ajoutait le
roi, de chanter le *Domine, salvum fac regem*, avec
l'oraison pour notre prospérité et le bien de notre
Etat. » Ces lettres furent enregistrées en parlement le
25 février 1683.

L'union de l'abbaye de Joug-Dieu au Chapitre de
Villefranche, la sécularisation des religieux de ce
monastère et leur translation dans la collégiale en

qualité de chanoines séculiers, modifièrent les conditions d'existence du Chapitre. Cette union, préparée
dès 1687, ne fut définitivement accomplie qu'un demi-
siècle plus tard, en vertu des bulles accordées par
Clément XII, le 4 septembre 1738 et fulminées le
24 septembre 1739, des lettres patentes de Louis XV,
du 6 novembre 1739, du consentement du cardinal de
Tencin, donné le 25 août 1741, et enfin de l'enregistrement des lettres et des bulles au parlement, le
15 décembre suivant.

Au cours de l'instance pour l'enregistrement des
bulles, le parlement rendit, le 29 avril 1741, un im-
portant arrêt, à la sollicitation de Janson de Roffray,
lieutenant particulier du bailliage et maire de Villefranche, que les échevins et les autres officiers du corps
de ville avaient député à Paris. L'arrêt dispose « que
les canonicats de ladite église (de Villefranche), tant
anciens que nouveaux, seront conférés par préférence
aux enfants nés et originaires de la ville, capables. »

Le 24 avril 1744, le cardinal de Tencin publia des
statuts (en 18 articles) destinés à compléter ceux qui
avaient été donnés au Chapitre lors de son érection
en 1682. Le titre de curé fut détaché du titre de doyen
et forma une troisième dignité. Désormais le Chapitre
compta trois dignitaires : le doyen, le chantre et le curé-
sacristain, et onze chanoines. La première dignité fut
à la nomination du roi; la deuxième, à celle de l'archevêque, et la troisième, à celle du prieur de Salles.

Cette organisation se maintint jusqu'à la Révolution.
En 1789, ce fut un des dignitaires du Chapitre, René

Desvernay, curé de Notre-Dame-des-Marais, qui représenta, aux Etats généraux, l'ordre du clergé pour la
province de Beaujolais. Plus tard, il fut déporté en
Angleterre pour refus de serment. A l'époque de la
Terreur, cinq autres chanoines de N.-D.-des-Marais
rachetèrent héroïquement par le martyre l'infidélité
de quelques-uns de leurs anciens collègues (1).

Charles Humblot demeurait depuis plusieurs
années « aux Eudistes, rue des Postes, faubourg
Saint-Marcel, paroisse Saint-Etienne-du-Mont, »

---

(1) Voici les noms des cinq chanoines de Villefranche
mis à mort pour la foi : Dominique Roland de la Platière
(frère aîné du girondin Jean-Marie Roland, ministre de l'intérieur), âgé de 71 ans, condamné à mort par la Commission révolutionnaire de Lyon, le 22 décembre 1793
(2 nivôse an II), et exécuté le même jour; Simon Avé,
âgé de 64 ans, Benoît Deroche, âgé de 48 ans, et Jean-
Pierre Goyet, âgé de 70 ans, tous les trois condamnés et
exécutés le 2 février 1794 (14 pluviôse an II); Nicolas
Laurens, âgé de 58 ans, condamné et exécuté le 4 février 1794 (16 pluviôse an II). Ils avaient été arrêtés et
incarcérés sur un mandat décerné par le Comité révolutionnaire de surveillance de Villefranche, du 30 septembre 1793.

Un autre confesseur de la foi, l'abbé Chuzeville, curé
de Grandris, dit, dans ses *Mémoires* : « Plusieurs chanoines de Villefranche remportèrent la palme du martyre
par suite du refus de livrer leurs lettres de prêtrise. Ils
allèrent à la mort avec une foi vive, une grande fermeté
et une entière résignation. Ils édifièrent les spectateurs. »

à Paris, lorsque, le 27 février 1767, pardevant Me Lagrève, notaire au Châtelet, il « résigna et remit purement et simplement » son canonicat « entre les mains des vénérables doyen et chanoines composant le Chapitre de l'église collégiale et paroissiale de Notre-Dame-des-Marais de Villefranche. » Cet acte ne fut insinué ou enregistré au greffe des insinuations ecclésiastiques de Paris que l'année suivante, le 25 avril 1768. (Pièces justificatives; II, p. 133) Charles Humblot eut pour successeur, dans son canonicat, Nicolas Laurens, aumônier de l'Hôtel-Dieu de Villefranche, élu le 10 mai 1768. Il porta depuis lors le titre de chanoine honoraire. Quand rentra-t-il à Villefranche? Nous savons seulement qu'il y mourut quatre ans plus tard.

Académicien

En 1752, la même année qu'il fut créé chanoine, Charles Humblot était reçu académicien ordinaire de l'Académie royale des Sciences, Belles-Lettres et Arts de Villefranche.

« L'établissement de cette Académie, lit-on dans l'*Almanach* de Lyon pour 1757, ne fut d'abord formé que par une société particulière de gens de lettres, qui, dès l'année 1677, tenaient des assemblées privées, sous la protection de M. Camille de Neufville, archevêque de Lyon. En 1680, il commença à y avoir des règlements et des séances publiques, dont Melle de Montpensier se déclara pareillement la protectrice. Dès lors il y eut des prix d'éloquence et de poésie, distribués de la part de cette compagnie naissante, qui consistaient en médailles d'or (1). Au mois de décembre 1695, Monsieur, frère unique de Louis XIV, qui avait succédé à Melle de Montpensier dans la baronnie du Beaujolais, s'intéressant au succès de ce nouvel établissement, obtint des lettres patentes qui l'érigèrent en titre d'Académie royale, sous sa protection (2). Depuis, ces lettres ont été confirmées par celles du roi régnant, du mois de mars 1728, enregistrées au parlement, qui accordent à cette Académie le titre d'Académie royale des Sciences, Belles-Lettres et Arts, avec les mêmes honneurs et privilèges dont jouit l'Académie Française à Paris. Sa devise est un rose de diamants, avec ces mots : *Mutuo clarescimus igne.*

(1) Il existe un *Recueil de plusieurs pièces d'éloquence et de poésie présentées à l'Académie de Villefranche en Beaujollois, pour le prix proposé l'année 1688.* C'est un volume in-12 de 122 pages, imprimé à Villefranche, chez Antoine Martin, imprimeur et libraire de la Ville et de l'Académie. — Le sujet proposé pour le prix d'éloquence était celui-ci : que les académies de Belles-Lettres sont non seulement établies pour apprendre à bien parler, mais encore pour apprendre à bien vivre. L'ode qui remporta le prix de poésie avait pour sujet : l'empire de Louis le Grand sur les mers.

(2) « Nous savons, est-il dit dans les lettres patentes, que notre province de Beaujolois est fertile en bons esprits. »

« Le nombre des académiciens est fixé à vingt par les règlements. Les séances ordinaires se tiennent le jeudi, de quinzaine en quinzaine, et l'assemblée publique, chaque année, le jour de saint Louis (25 août), dans la grande salle de l'Hôtel-de-Ville. »

L'Académie de Villefranche était une des plus anciennes de France ; celle de Lyon commença en 1700 et ne fut autorisée par lettres patentes qu'en 1724. Ce foyer de vie intellectuelle n'a pas été sans jeter quelque éclat au dehors ni sans contribuer à la prospérité de la capitale de la province.

« Les habitants de Villefranche, lit-on dans l'*Encyclopédie* (1), doivent à cette académie l'aménité des mœurs et la délicatesse d'esprit qui les caractérisent. »

Dans ses *Mémoires*, Brisson, inspecteur du commerce et des manufactures de la Généralité de Lyon, après avoir rappelé la fondation de l'académie de Villefranche, dont il était membre associé, ajoute : « Cet établissement paraît y avoir entretenu, même animé le goût des lettres et embelli les connaissances utiles. Le barreau de Villefranche passe pour être fort instruit ; et plusieurs particuliers y ont des collections de livres plus nombreuses et plus consultées qu'il n'arrive ordinairement dans les petites villes où, la richesse et l'exemple de l'amour de l'étude manquant à la fois, il n'y a nul motif d'émulation. Cet établissement sera dans la postérité un monument de notre amour pour les lettres, comme les compagnies des jeux

(1) T. xxxv. p. 454.

de l'Arquebuse et de l'Arc sont des vestiges du goût de nos pères pour les exercices militaires. » (1).

L'*Almanach* de Lyon pour 1768, donne à Charles Humblot le titre de « marguillier honoraire. » L'*Almanach* de 1771 lui donne celui de « prédicateur du roi. »

Charles Humblot mourut à Villefranche, le 4 mai 1772. « Le 5 mai 1772, Mre Charles Humblot, prêtre, chanoine honoraire de l'église collégiale et paroissiale de Notre-Dame-des-Marais, décédé hier âgé de 45 ans, a été inhumé, dans la cave du Chapitre de ladite église collégiale et paroissiale, par nous soussigné, curé et sacristain, en présence du chapitre et de Mre Benoît Bertin, chanoine, et de Mre Joseph-Gabriel Carre, vicaire de cette paroisse. — Lièvre. »

On appelait communément Charles Humblot, l'abbé Humblot l'aîné, pour le distinguer de son frère cadet Claude, aussi chanoine, et comme lui membre de l'Académie.

3o Louis. — Né à Villefranche, le 16 janvier 1729. Baptisé le même jour, par L. Pilliet. Parrain : Louis Bernard, marchand ; marraine : Jeanne-

(1) *Mémoires historiques et économiques sur le Beaujolais* ou recherches et observations sur les princes de Beaujeu, la noblesse, l'histoire naturelle et les principales branches d'agriculture, de commerce et d'industrie du Beaujolais. — 1 vol. in-8o de xvi-272 p. — Avignon et Lyon, 1770.

Marie Humblot, femme de Charles Bernard de la Serré, greffier de l'élection de Villefranche, tante de l'enfant.

Louis mourut, dans sa 4ᵉ année, le 10 juillet 1732, et fut enterré le 11, au petit cimetière, par L. Pilliet. Asssistèrent au convoi comme témoins : de la Serré, C. Bégule, Desarbres.

4º FRANÇOISE. — Née à Villefranche, le 21 février 1730. Ondoyée le même jour ; présentée, le 12 mars suivant, aux cérémonies du baptême, qui furent faites par L. Pilliet. Parrain : Jean-Claude Lagier, marchand tireur d'or de Lyon ; marraine : Françoise Deroux, tante maternelle.

Françoise mourut, dans sa 3ᵉ année, le 7 juillet 1732, trois jours avant son frère Louis, et fut enterrée le 8, au petit cimetière, par Miland, chanoine honoraire.

5º JEANNE. — Née à Villefranche, le 20 février 1731. Baptisée le 21, par L. Pilliet. Parrain : Laurent Cochard, seigneur de Brosse, avocat en parlement ; marraine : Jeanne Mabiez.

A l'âge de 22 ans, le 11 septembre 1753, Jeanne Humblot épousa Arnould Buiron, fils de Nicolas Buiron, ancien procureur au bailliage du Beaujolais, et de Claudine Burdin. La bénédiction nuptiale fut donnée par le chanoine Charles Humblot, frère de l'épouse.

Jeanne fut marraine, à Villefranche, le 17 novembre 1766, de Jeanne, fille d'Arnould Gaillard, et, le 6 juillet 1780, de sa nièce Jeanne, fille de Louis Humblot.

Jeanne Humblot vivait encore en 1789. Son mari Arnould Buiron, qui mourut le 5 mai 1794 (16 floréal an II), lui avait survécu, car l'acte de décès constate expressément qu'il était veuf.

6° JUDITH-Pierrette, sœur jumelle de Jeanne. — Née à Villefranche, le 20 février 1731. Baptisée le 21, par L. Pilliet. Parrain : Pierre Perrin, conseiller du roi et son commissaire aux saisies réelles ; marraine : Judith-Marie Cusin, femme d'Antoine Dubost, procureur au bailliage et élection du Beaujolais.

Le 27 novembre 1738, elle fut marraine de son frère Jean-Chrysostome.

La signature de Judith et celle de sa sœur Jeanne se trouvent sur le contract de mariage d'Arnould Gaillard et de Françoise Vermorel, passé à Villefranche le 6 janvier 1753.

7° ANNE. — Née à Villefranche, le 16 avril 1732. Baptisée le même jour, par L. Pilliet. Parrain : Claude Bégule, marchand tanneur ; marraine : Anne Fond, veuve de Claude Thielly, marchand.

Anne mourut, dans sa 3e année, le 10 juin 1734, et fut enterrée, au petit cimetière, par L. Pilliet.

8° François. — Né à Villefranche, le 25 février 1733. Baptisé le même jour, par L. Pilliet.

Parrain : François Jacquet, marchand ; marraine :
Claudine Poisat, femme de Charles Bernard de la
Serré, conseiller du roi et greffier en chef de
l'élection du Beaujolais.

François mourut, âgé de 8 jours, le 5 mars
1733, et fut enterré au petit cimetière.

9° Jean, frère jumeau de François. — Né à
Villefranche, le 25 février 1733. Baptisé le même
jour, par L. Pilliet. Parrain : Jean Desarbres,
marchand de Villefranche ; marraine : Jacqueline
Denuelle, femme de François Jacquet.

Jean mourut, âgé de 8 jours, comme son frère
François, le 5 mars 1733, et fut enterré au petit
cimetière.

10° JEAN-Baptiste, qui suit (voir p. 62)

11° MARIE-ANNE. — Née à Villefranche, le 2 mai
1735. Baptisée le 3, par L. Pilliet. Parrain :
Claude-François Cusin ; marraine : Marie-
Anne Bernard, fille de Louis Bernard, marchand.

12° Claude-Clair. — Né à Villefranche, le
11 juillet 1736. (1) Baptisé le même jour, par
L. Pilliet. Parrain : Claude Courtin, écuyer,

(1) Le 27 ou le 28 décembre 1736, mourut à Villefranche un des membres de la famille Humblot. L'acte
de sépulture, indiqué à la marge du registre par la simple
mention : *Humblot*, est resté en blanc.

sieur de Neufbourg ; marraine : Claire Mabiez,
femme du parrain (1).

Claude Humblot reçut la tonsure cléricale,
le 18 décembre 1756, des mains de Mgr Bron,
évêque d'Egée *in partibus*, suffragant de Lyon,
et vicaire général du cardinal de Guerin de
Tencin ; — les ordres mineurs, le 20 mai 1758,
du même, vicaire général de Mgr de Malvin
de Montazet ; — le sous-diaconat, le 31 mars
1759, du même ; — le diaconat, le 28 mai 1763,
du même. Nous n'avons pu découvrir, dans les
registres de l'archevêché, l'attestation de la pro-
motion de Claude Humblot à la prêtrise, ni la
trace de lettres démissoires l'autorisant à être
ordonné hors du diocèse.

Il était simple clerc minoré et âgé de 22
ans, lorsqu'il fut nommé chanoine titulaire de
Notre-Dame-des-Marais, en remplacement de
Jean-Marie Dubost, chanoine de Notre-Dame-
du-Château, de Beaujeu, et de Notre-Dame-
des-Marais, de Villefranche, lequel résigna son
canonicat de Villefranche expressément en faveur
de Claude Humblot, le 2 juillet 1758. La signature apostolique fut expédiée de Rome le 26 août
suivant, et les lettres de provision furent données,

Chanoine

(1) Signé au registre : Mabiez de Neufbourg, Courtin
de Neufbourg,

à Lyon, le 29 septembre, par de Saint-Aulbin, vicaire général. La prise de possession eut lieu le 29 octobre ; les témoins étaient : Gabriel Serre, prêtre du diocèse de Lyon ; Jean-Alexis Chastelain d'Essertine, clerc tonsuré ; noble Jean-Baptiste Buiron, avocat en parlement, 1er échevin ; Arnould Buiron ; Claude Desarbres ; Laurent Roland de la Platière ; noble Jean - André Gontard, conseiller du roi et son médecin. (Pièces justificatives ; III, p. 135 et suiv.).

En 1768, Claude Humblot fut reçu membre ordinaire de l'Académie de Villefranche. L'*Almanach* de Lyon, à dater de l'année 1785, le classe parmi les « Académiciens vétérans. »

Le 10 septembre 1773, il tint sur les fonts du baptême sa nièce Jeanne-Elisabeth, fille de Jean-Baptiste Humblot.

Commissaire de la société philanthropique   Claude Humblot était un des quatre commissaires de la Société ou « Maison philanthropique », fondée à Villefranche en 1788. « Cet établissement, lit-on dans l'*Almanach* de Lyon pour 1790, est le fruit du zèle et de la bienfaisance des principaux habitants de Villefranche, et les secours qu'on en tire sont destinés au soulagement des pauvres et honnêtes habitants du pays, pour en extirper la mendicité. » Le chanoine Humblot et ses deux frères Jean-Baptiste et Louis prirent une part active à la création de cette société, comme on le voit par les procès-verbaux des assemblées de notables tenues à cet effet les 20 avril, 4 mai et 24 août 1788.

L'acte civil de naissance de Françoise-Elisabeth Humblot, fille de Pierre-Jean Humblot, du 22 février 1795 (4 ventôse an III), porte, comme signature de l'un des témoins : l'abbé Humblot.

Claude Humblot fut un des commissaires nommés, par l'assemblée générale tenue à l'Hôtel-de-Ville le 19 juillet 1789, pour rédiger et signer une adresse à l'Assemblée nationale. L'objet de l'adresse était indiqué par les termes mêmes de la délibération : « L'assemblée a unanimement arrêté et déclaré qu'elle adhère à tous les arrêtés de l'Assemblée nationale, notamment à ceux des 17, 20, 23 juin et 13 de ce mois ; qu'il sera fait une adresse à l'Assemblée nationale, et, pour la rédiger et signer, l'assemblée a nommé, à titre de commissaires, MM. les officiers municipaux, M. d'Essertine, doyen du chapitre, M. Humblot, chanoine du même chapitre, MM. Guérin de la Colonge, Clerjon du Carry, Pesant et Buiron-Gaillard. » C'était une adresse de félicitations à l'Assemblée nationale pour les actes de révolte qui avaient préparé la journée du 14 juillet, premier triomphe sanglant de la Révolution. Mais, à cette époque, l'affolement des esprits était général. L'adresse fut approuvée dans la réunion du 22 juillet (1).

Pour se conformer à l'art. 1er des décrets de l'Assemblée nationale, des 8 et 9 octobre 1789, réformant quelques points de la jurisprudence criminelle, les échevins de Villefranche nommèrent, le 19 novembre suivant, dix notables, parmi lesquels seraient pris les adjoints qui devaient assister à l'instruction des procès criminels. Le chanoine Claude Humblot fut un des dix notables. Le 5 janvier 1790, avec trois de ses collègues, Arnould Buiron, Laurent Dubost et Charles Bedin, il prêta serment, entre les mains des échevins, de « remplir fidèlement ses fonctions et surtout de garder un secret inviolable sur le contenu en la plainte et autres actes de la procédure auxquels il sera appelé comme adjoint. »

Claude Humblot mourut à Villefranche, dans sa 62e année, le 22 novembre 1797 (2 frimaire an VI). La déclaration inscrite à l'état civil ne lui donne pas d'autre qualité que celle de « rentier. »

13º Jean-Louis. — Né à Villefranche, le 29 août 1737. Baptisé le même jour, par L. Pilliet. Par-

---

(1) L'occasion de cette adresse était une lettre des trois députés Desvernay, Chasset et J.-B. Humblot, écrite le 15 juillet et contenant le récit de la visite faite, le matin même, par Louis XVI à l'Assemblée nationale.

rain : Jean-Louis Valleton, marchand de Villefranche ; marraine : Françoise Deroux, femme de Jean-Louis Desarbres, marchand ciergier de Villefranche, tante maternelle.

Le 6 décembre 1768, Jean-Louis Humblot fut parrain, à Villefranche, de sa nièce Marie, fille d'Arnould Buiron ; et, le 15 mars 1778, parrain de son neveu, Jean-Louis, fils de Louis Humblot.

Jean-Louis Humblot mourut à Villefranche, dans sa 52e année, le 17 janvier 1789, et fut enterré le 18.

14º Jean - Chrysostome. — Né à Villefranche, le 26 novembre 1738. Baptisé le 27, par L. Pilliet. Parrain : Charles Humblot ; marraine : Judith Humblot, sœur de l'enfant.

15º Louis-Gabriel-François. — Né à Villefranche, le 22 janvier 1740. Baptisé le 23, par Matthieu Chastelain d'Essertine, curé-sacristain. Parrain : Louis Desarbres ; marraine : Françoise Deroux. Témoin : Jean-Louis Desarbres.

François Humblot mourut à Villefranche, dans sa 5e année, le 13 juillet 1744, et fut enterré au petit cimetière, par M. Chastelain d'Essertine.

16º LOUIS, chef de la branche cadette. (Voir p. 101).

IV. — JEAN-Baptiste.

Né à Villefranche, le 19 février 1734. Baptisé le même jour, par L. Pilliet. Parrain : Jean-Baptiste Cusin, notaire royal et procureur au bailliage ; marraine : Marthe Cusin, fille de feu Claude Cusin, secrétaire de l'hôtel commun de Villefranche (cousine germaine de l'enfant).

Jean épousa : 1° Jeanne-Marie Desarbres, en 1765 ;

2° Claudine-Marie Desvernay, en 1769.

Il tint, sur les fonts du baptême, à Villefranche, le 20 août 1756, son neveu Jean-Baptiste, fils d'Arnould Buiron ; — le 30 novembre 1760, autre Jean - Baptiste, fils du même ; — et, le 3 février 1775, sa nièce Jeanne-Antoinette, fille de Louis Humblot.

Officier de la milice bourgeoise

Dès l'âge de dix-huit ans, il fit partie du corps des officiers de la milice bourgeoise. Le 3 juin 1752, les échevins le nommèrent sous-lieutenant du quartier Rouge, sur la présentation du capitaine Barnoud ; — le 4 septembre 1763, lieutenant du quartier Blanc, sur la présentation du capitaine Dubost ; — et le 17 décembre 1774, capitaine du quartier Violet. (Pièces justificatives ; IV, p. 142 et suiv.).

La milice bourgeoise ou le pennonage de Villefranche avait été instituée en 1614, par d'Halincourt, gouverneur de la province. Elle comprenait d'abord 12 compagnies. En 1687, une ordonnance du corps de ville la réduisit à 8. Ces compagnies se distinguaient les unes des autres par la couleur des revers, couleur qui désignait en même temps le quartier de la ville où se recrutait la compagnie : quartier Blanc, quartier Bleu, quartier Vert, quartier Rouge, quartier Jaune, quartier Aurore, quartier Gris-de-lin et quartier Violet. La compagnie des grenadiers, formée d'un démembrement des 8 compagnies, était commandée par le capitaine commandant le bataillon. Chaque compagnie avait trois officiers : un capitaine, un lieutenant, un lieutenant en second ou sous-lieutenant. L'ancienneté des capitaines réglait l'ordre de préséance pour les quartiers. Ainsi, le quartier Violet, qui eut pour capitaine Jean-Baptiste Humblot de 1774 à 1784, était, en 1777, la VIIᵉ compagnie; en 1778, elle devint la IIIᵉ. L'état-major était composé d'un colonel, d'un lieutenant-colonel, d'un capitaine-enseigne, d'un major et d'un capitaine aide-major. En l'absence du gouverneur et du lieutenant du roi, le maire et les échevins commandaient la milice bourgeoise. C'étaient eux aussi qui nommaient les officiers de l'état-major et les capitaines des compagnies. Les lieutenants et les sous-lieutenants, les sergents et les caporaux étaient nommés par les capitaines avec l'agrément du corps de ville. Tous les officiers devaient prêter serment entre les mains du maire et des échevins.

La milice bourgeoise de Villefranche avait pour

uniforme : l'habit bleu, la veste et les culottes blan-
ches. Le drapeau, fond blanc, était, d'un côté, aux
armes du duc d'Orléans, et, de l'autre, aux armes de la
ville; à chaque coin, une fleur de lys. A défaut du
capitaine-enseigne, il était porté par le plus ancien des
sergents (1).

Les officiers de la police de la ville avaient autorisé,
par plusieurs ordonnances rendues sur le réquisitoire
du procureur du roi, les officiers de la milice bourgeoise à veiller à la sûreté publique et au maintien du
bon ordre dans la ville.

Chevalier de l'Arc et de l'Arquebuse

Jean-Baptiste Humblot appartenait aux Sociétés

(1) A la suppression de la milice bourgeoise et des deux
compagnies de l'Arc et de l'Arquebuse, les drapeaux avaient
été, dans une pensée chrétienne, appendus à la voûte de
l'église paroissiale. Ils en furent arrachés et brûlés le 11 novembre 1792, comme le constate le procès-verbal suivant,
tiré des registres de l'Hôtel-de-Ville de Villefranche :

« Cejourd'huy, 11 novembre 1792, le Conseil général de
la commune de Villefranche assemblé en la maison commune;

« En exécution de la loi du   , les drapeaux de la cy-
devant milice bourgeoise de cette ville et jeux de l'arc et arquebuse, qui avaient été cy-devant placés à la voûte de
l'église paroissiale de cette ville, ont été brûlés sur la place
publique, en présence du bataillon de la garde nationale et
du demi-bataillon des volontaires nationaux de ce district
en cantonnement dans cette ville, et d'un grand nombre de
citoyens. — DECHAVANNE, BESSON, BOULOT, VARENARD, BIL-
LOUD. »

de chevalerie de l'Arc et de l'Arquebuse. En 1761, il remporta le grand prix et fut proclamé *roi* des chevaliers de l'Arc (1) ; et, en 1776, *roi* des chevaliers de l'Arquebuse (2). Par délibération du 11 décembre 1783, il fut nommé capitaine de la compagnie de l'Arquebuse. Le maire et les échevins confirmèrent sa nomination le 7 septembre 1784. (Pièces justificatives ; IV, p. 145)

La compagnie de l'Arc avait été établie à Villefranche vers le milieu du XVIe siècle, et celle de l'Arquebuse un siècle plus tard. Elles étaient composées, la première, de 95, et la seconde, de 135 chevaliers. Ni l'une ni l'autre n'admettaient aucun artisan. Le corps des officiers comprenait, pour chacune : le *roi*, un capitaine, un guidon, un major, un aumônier, un trésorier et un secrétaire. « Celui de chacune desdites compagnies, disent les lettres patentes confirmatives, de janvier 1730, qui abattra l'oiseau de fer, l'oiseau dit *Papegau*, jouira, ou son père s'il n'est pas marié, pendant l'année seulement, de l'exemption des tailles, autres charges et impositions publiques, à la charge néanmoins que leurs cotes de tailles et autres impositions seront rejetées sur les autres taillables de ladite ville. » Le chevalier, qui avait gagné le prix en abattant l'oiseau, était proclamé *roi* pour l'année, et c'est à ce titre qu'il jouissait d'une exemption d'impôts.

(1) *Almanach* de Lyon pour 1762.
(2) *Almanach* de Lyon pour 1777.

Les deux prix royaux étaient tirés le 1er et le 2e dimanches du mois de mai, Cette date traditionnelle fut changée vers la fin du siècle dernier. A la réunion des chevaliers de l'Arc, du 14 mai 1777, « M. Micollier, capitaine, ayant représenté que, depuis plusieurs années, on essuyoit dans cette saison des froids et des pluyes, qui diminuoient beaucoup les agréments de cette fête et en éloignoient nombre de chevaliers, » il fut arrêté que, à l'avenir et à commencer l'année suivante, le *perchement* de l'oiseau serait et demeurerait fixé au 1er dimanche de juin. La compagnie de l'Arquebuse ne tarda pas à prendre un arrêté semblable. Le maire et les échevins étaient les capitaines-nés des deux Sociétés, et c'étaient eux qui tiraient le premier coup, le coup d'honneur.

L'emplacement assigné aux exercices s'étendait le long des fossés de la ville, à l'orient des murs. Les jeux de l'Arc et de l'Arquebuse n'étaient séparés que par le chemin conduisant de la porte des Fayettes au port de Frans, et avaient chacun un portail décoré de devises et d'attributs indiquant la nature de leurs exercices.

« Ces réunions, remarque le baron F. de la Roche la Carelle (1), où noblesse et bourgeoisie se trouvaient confondues, entretenaient parmi les chevaliers une sorte de confraternité fort utile à l'harmonie du pays, et étaient une occasion de plaisirs auxquels toute la ville prenait part. »

_____

(1) *Histoire du Beaujolais*; t. ii, p. 262.

Après la Révolution, on essaya de reconstituer l'ancienne Société de l'Arc. Nous nous rappelons avoir vu, dans notre enfance, les chevaliers de l'Arc, en habit noir à la française, gilet blanc, chapeau à claque, une flèche à la main, se rendre chez le *roi*, à qui était confiée la garde du drapeau de la compagnie, et traverser la ville tambours en tête, pour aller « tirer l'oiseau. » L'emplacement du tir était situé sur la route de Paris, à droite, au delà du Nizeran, non loin du château de la Chartonnière. Le *perchement* de l'oiseau avait lieu vers la fin de juillet, à la fête de sainte Anne. Mais le caractère de ces simples et nobles délassements ne répondait plus aux exigences de notre époque tourmentée. Après quelques années, le nombre des chevaliers se trouva tellement réduit, que la Société finit par disparaître. Nous avons rencontré par hasard, il y a vingt-cinq ans, le dernier vestige de cette institution dans le *Journal de Villefranche* (nº du 15 février 1857). A la page des annonces, nous lûmes la mise en vente de « maison et terres dépendant de l'ancienne Société de chevalerie dite de la *Butte*, établie à Villefranche. » Le nom nouveau était absolument inconnu du public, qui avait continué de désigner les sociétaires sous la vieille dénomination de chevaliers de l'Arc. La vente était poursuivie par tous les membres survivants de la Société, alors au nombre de 13.

En 1777, au plus tard, Jean-Baptiste Humblot fut pourvu de l'office de secrétaire-greffier (pour le Beaujolais) des « lieutenants du tribunal de MM. les maréchaux de France, au département de Lyon. »

Secrétaire des maréchaux

Le tribunal des maréchaux, ou tribunal du point d'honneur, était composé des maréchaux de France. Il jugeait en dernier ressort les querelles des nobles sur le point d'honneur et sur les questions relatives à la guerre et à la noblesse. Ce tribunal avait, dans les provinces, des délégués appelés lieutenants des maréchaux de France. Le Beaujolais, une des trois provinces du département de Lyon, avait pour lieutenants, en 1777, le marquis de Chaponay, de Noyel, ancien capitaine d'infanterie, et le baron de Brosse, auxquels étaient adjoints, comme conseiller-rapporteur, Pierre-François Desvernay, de Lay, et, comme secrétaire-greffier, Jean-Baptiste Humblot. Ce dernier occupait encore son office en 1790, car l'office était à vie.

Une déclaration de Louis XV, du 13 janvier 1771, avait ordonné le remboursement de tous les offices de lieutenant des maréchaux de France, de conseiller-rapporteur et de secrétaire-greffier du point d'honneur, créés par les édits de mars 1563, octobre 1702 et 1704, et novembre 1707. Il devait désormais n'y être pourvu qu'à vie et sur la présentation des maréchaux de France, « et ce, disait la déclaration, pour qu'ils puissent présenter à S. M. des sujets dont la condition, l'état, les services militaires et les qualités personnelles répondent à la dignité, à l'importance et à la délicatesse des fonctions qui leur sont confiées. » Le roi attribuait des gages à chaque nouvel office de lieutenant, de conseiller-rapporteur et de secrétaire-greffier, ainsi que des pensions qui seraient données par rang d'ancienneté, et d'autres pensions, à titre de gratification, pour récompenser plus particulièrement le zèle, l'application et les services, et dont on pourrait jouir conjointement avec celle d'ancienneté.

De 1779 à 1784, Jean-Baptiste Humblot fut un des marguilliers laïques de l'église collégiale et paroissiale de Villefranche.

Marguillier

L'assemblée générale des habitants de Ville-franche, tenue le 16 décembre 1781, pour la nomination d'un maire et de deux échevins, choisit pour deuxième échevin Jean-Baptiste Humblot. Le duc d'Orléans confirma ce choix par brevet du 3 janvier 1782, et Jean-Baptiste prit possession de sa charge le 23 du même mois. Il était nommé pour deux ans; son mandat expira le 23 janvier 1784. (Pièces justificatives; IV, p. 146).

Echevin

Pendant son échevinat, des réparations et des constructions relativement considérables (la dépense s'éleva à 10.352 liv. 15 s.) furent faites au collège de Villefranche. C'est lui qui avait été chargé de la direction de l'affaire et de la surveillance des travaux. Voici en quels ter-mes le corps de ville, dans sa délibération du 1er septembre 1784, apprécia la gestion de Jean-Baptiste Humblot. Après avoir énuméré les travaux exécutés et rappelé la reconnaissance de ces travaux par l'architecte Boulard, de Lyon, le procès-verbal conclut : « Tout cela s'est consommé par les soins de M. Humblot, l'un des officiers municipaux, aux lumières, à l'expérience et à la probité duquel ses collègues s'en étaient rapportés, pour suivre et faire exécuter les ouvrages, traiter des prix faits, présenter, arrêter les comptes et rédiger les mandats ; ce qu'il a fait avec autant de zèle que d'économie pour les intérêts de la communauté. »

Député
à l'Assemblée
provinciale Un édit, donné à Versailles, au mois de juin 1787, décréta la création d'Assemblées provinciales, dans les provinces où il n'y avait point d'Etats provinciaux. Elles étaient chargées, sous l'autorité du roi et celle du Conseil, de « la répartition et assiette de toutes les impositions foncières et personnelles, tant celles dont le produit doit être porté dans le trésor royal, que celles qui ont ou auront lieu pour chemins, ouvrages publics, indemnités, encouragements, réparations d'églises et de presbytères, et autres dépenses quelconques propres auxdites provinces, ou aux districts ou communautés qui en dépendent. »

La première Assemblée provinciale de la Généralité de Lyon se tint à Lyon, aux mois de septembre, de novembre et de décembre 1787, au palais archiépiscopal, sous la présidence de l'archevêque (de Malvin de Montazet).

La première séance eut lieu le 17 septembre. Le lendemain, mardi 18, le scrutin, ouvert sur le choix des personnes qui devaient former en partie les Assemblées de département, donna, pour le département de la province et élection de Beaujolais, établie à Villefranche, 12 membres, parmi lesquels était Jean-Baptiste Humblot, « négociant à Villefranche et propriétaire à Arnas. (1)»

Le nombre total des députés était de 24 : 6 représentant le clergé, 6 la noblesse, et 12 le tiers-état. Ces députés furent délégués, au nombre de 4, à chacun des 6 arrondissements de Villefranche, de Beaujeu, de Belleville, de Thizy, de Perreux et d'Aigueperse. Les 4 députés délégués à l'arrondissement de Villefranche furent le marquis de Monspey (noblesse), l'abbé Desvernay, curé-sacristain de Villefranche (clergé), Jean-Baptiste Humblot et Louis Humbert sieur de la Barre (tiers). Une commission intermédiaire de 4 membres fut établie dans chaque département. Celle du département de la province et élection de Beaujolais se composait de l'abbé de Rully, chanoine de l'église et comte de Lyon (clergé) ; du marquis de la Roche-Tullon, seigneur des Ardillats (noblesse) ; de Laurent Dubost, bourgeois de Villefranche, propriétaire à Fleury, et de Jean-Baptiste Humblot.

(1) La propriété, que Jean-Baptiste possédait à Arnas, était d'origine patrimoniale. Nous avons trouvé, dans les registres d'Arnas, de 1704, la mention d'un moulin appartenant à Jean-Chrysostome Humblot.

Après avoir élu les membres qui devaient composer les assemblées des 6 départements de la Généralité de Lyon et sa commission intermédiaire, et fait quelques règlements, l'Assemblée provinciale termina sa première session, qui fut aussi la dernière.

Député
aux
Etats-Génér.

Jean-Baptiste Humblot et Louis Desarbres, députés des négociants de Villefranche, assistèrent en cette qualité à l'assemblée tenue à l'Hôtel-de-Ville, le 7 mars 1789, par le corps municipal, pour préparer les élections du tiers-état aux Etats-généraux. L'assemblée procéda à la nomination de quatre commissaires chargés de former le cahier des « doléances, plaintes et remontrances. » Les suffrages, « pris à haute voix, » désignèrent : Pesant, avocat, Humblot aîné, Dubost père et Butty, notaire.

La commission se livra sans retard à son travail, et elle put en donner lecture à l'assemblée du 13 mars. Dans cette même assemblée, on nomma les six électeurs qui devaient prendre part aux élections générales. Ce furent : Jean-François Pesant, avocat ; Jean-Baptiste Humblot, négociant ; Charles-Antoine Chasset, avocat et maire ; Laurent Dubost, bourgeois ; Jean-Benoît-Jacques Talon, négociant et échevin ; François Denis, avocat et échevin.

Quelques jours plus tard, Jean-Baptiste Humblot était nommé, avec Charles-Antoine Chasset, pour représenter, aux Etats-généraux, le tiers-état de la sénéchaussée du Beaujolais.

Nous ignorons quelle part il prit aux actes de l'Assemblée nationale si vite transformée en assemblée révolutionnaire ; le *Moniteur* n'enregistrait point la votation nominale des députés (1).

Jean-Baptiste Humblot mourut au château de La Ferté-sur-Grosne, commune de Saint-Ambreuil (Saône-et-Loire), dans sa 76ᵉ année, le 12 mai 1809. Sa tombe est à l'entrée du porche de l'église de Saint-Ambreuil.

Enfant issue du premier mariage.

Jean-Baptiste Humblot épousa, au mois de février 1765 (2), Jeanne-Marie Desarbres, fille de Gabriel Desarbres, négociant à Chalon-sur-Saône, et de Jeanne-Abigaïl Deroux. — Jeanne-Marie mourut le 5 octobre 1766, âgée de 21 ans, « munie des sacrements de l'Eglise, » et fut enterrée le 6, dans

(1) Après la translation de la Constituante de Versailles à Paris, Jean-Baptiste Humblot eut son domicile chez le fermier général Deville, place Vendôme (*Almanach royal* pour 1791). C'était là aussi que logeait l'abbé Desvernay, curé de Villefranche, député du clergé.

(2) Remise délivrée à l'époux le 5 février, par Jean-Baptiste Meurier, curé-sacristain de Villefranche.

l'église de Villefranche, par Jean-Baptiste Meurier, curé-sacristain, en présence du Chapitre.

ANNE. — Née à Villefranche, le 26 février 1766. Baptisée le même jour, par J.-B. Meurier. Parrain : Gabriel Desarbres, aïeul, représenté par Claude Desarbres, négociant de Villefranche; marraine : Anne Deroux, veuve de Claude-Antoine Humblot (aïeule de l'enfant).

Anne mourut, âgée d'un jour, le 27 février 1766, et fut enterrée le 28 au grand cimetière.

Enfants issus du second mariage.

(Cinq)

Jean-Baptiste Humblot épousa, en secondes noces, le 17 octobre 1769, Claudine-Marie Desvernay, âgée de 17 ans, fille de Pierre-François Desvernay, négociant à Lay, et de défunte Marianne Villiard. La bénédiction nuptiale fut donnée, dans l'église de Lay, par Claude Desvernay, curé de Néronde, oncle de l'épouse. Témoins : Joseph de Monguy, chevalier de l'Ordre de Saint-Louis; Antoine-Philibert de Chavannes, lieutenant-général de Roanne; Louis-Joseph Lemarchand-Desmines, sous-inspecteur des manufactures de la Généralité de Lyon; Louis-Marie-Philippe Grumel de Montgaland, conseiller à la cour des monnaies de Lyon; Neveux, vicaire de Lay.

Claudine Desvernay était née le 23 novembre 1752. Elle fut baptisée le même jour, par Rosset, vicaire de Lay. Parrain : Claude Desvernay, curé archiprêtre de Néronde (oncle de l'enfant) ; marraine : Marianne Grobert, veuve de Jacques Desvernay (aïeule de l'enfant). — Claudine mourut, dans sa 32e année, le 4 mars 1784, et fut enterrée le 5, par Gros, vicaire de Villefranche, « en présence de MM. les chanoines. »

1º PIERRE-Jean qui suit (voir p. 76)

2º Jeanne-ELISABETH. — Née à Villefranche, le 8 septembre 1773. Baptisée le 10, par J.-J. Lièvre, curé de Villefranche. Parrain : Claude Humblot, chanoine de N.-D.-des-Marais, oncle paternel ; marraine : Jeanne Desvernay, tante maternelle.

Le 30 octobre 1788, à Villefranche, Elisabeth Humblot représenta Antoinette Chapuis, femme de Pierre-Edouard Brunier, comme marraine d'Antoinette, fille de Louis Humblot. Elle vivait encore en 1800 ; le 4 août de cette année, elle fut marraine à Villefranche.

3º BENOIT. — Rameau A (Voir p. 86).

4º ARNOULD. — Rameau B (Voir p. 88).

5º MARIE. — Née à Villefranche, le 5 mars 1779. Baptisée le 6, par Gros, vicaire. Parrain : René Desvernay, docteur en Sorbonne, représenté par (son père) Pierre-François Desvernay ; marraine :

Marie Desvernay, femme de N... Dupuy, écuyer, seigneur de la Grande-Rive, tante maternelle, représentée par Marie Buiron.

V. — PIERRE-Jean.

Né à Villefranche, le 5 juillet 1770. Baptisé le 7, par Joseph-Gabriel Carre, vicaire. Parrain : Pierre-F. Desvernay, négociant à Saint-Symphorien de Lay, aïeul maternel, représenté par (son fils) Benoît Desvernay, négociant à Saint-Symphorien; marraine : Jeanne Humblot, femme d'Arnould Buiron, négociant à Villefranche (tante de l'enfant).

Pierre épousa : 1º Marie-Louise BUIRON, en 1791;

2º Judith-Louise-Elisabeth DUBOST, en 1808.

Officier de la milice bourgeoise

Agé à peine de seize ans, Pierre fut nommé, par brevet du 1er juin 1786, sous-lieutenant de la compagnie du quartier Gris-de-lin. Par négligence ou par oubli, le brevet de nomination ne fut enregistré que trois ans plus tard. (Pièces justificatives. V, p. 149)

Il fut parrain, à Villefranche, le 25 janvier 1806, de Pierre-Marie-Charles, fils de Claude-Antoine Humblot, son cousin germain.

Membre du comité électoral

Le 4 août 1804 (26 thermidor an XI), l'assemblée du canton de Villefranche nomma Pierre Humblot membre du collège électoral du dépar-

tement du Rhône. Ce collège se trouva composé
de 164 membres. Le canton de Villefranche en
avait fourni 10, et Pierre Humblot avait été élu
le 2ᵉ; le 1ᵉʳ était P. Dulac, président du tribunal
de première instance. Il fut réélu en 1810.

Il fit partie du tribunal de commerce de Villefranche, comme juge, de 1803 à 1810, puis en 1817
et en 1818.

Juge
au tribunal
de commerce

Nommé second adjoint du maire de Villefranche
par décret impérial, le 18 mars 1808 (maire, Nicolas
Kenechel; 1ᵉʳ adjoint, Pierre-Matthieu Laurens),
Pierre Humblot en remplit les fonctions jusqu'en
1814. Au retour des Bourbons, il fut nommé premier adjoint (maire, P.-M. Laurens; 2ᵉ adjoint,
N. Kenechel). A l'époque des Cent jours, il fut
maintenu dans ses fonctions par l'arrêté, en date du
7 mai 1815, du comte Maret, commissaire extraor-
dinaire de Napoléon, nommant N. Kenechel
maire, et Sauzet 2ᵉ adjoint. Jusqu'à sa mort,
Pierre Humblot demeura premier adjoint, d'abord
de P.-M. Laurens (1815-1817), ensuite de J.-G.
Desarbres (1818-1822).

Adjoint

Il fut nommé membre de la commission administrative de l'hospice de Villefranche, par arrêté
ministériel du 2 février 1810, et installé le 8 avril
suivant. Au bout de la période quinquennale,
en 1815, il fut, sur la demande de ses collègues,
continué dans ses fonctions. Le 12 décembre 1819,

Administratᵘ
de
l'hospice

un arrêté ministériel renouvela son mandat pour la troisième fois. Lorsque, en 1818, J.-G. Desarbres dut, comme maire de la ville, résigner ses fonctions d'ordonnateur général de l'hospice, ce fut Pierre Humblot qui le remplaça. (Pièces justificatives ; V, p. 150-151)

Pierre-Jean Humblot mourut à Villefranche, dans sa 52e année, le 5 mars 1822, et fut enterré le 6, par Fontenelle, vicaire.

Dans sa séance du 31 mars 1822, la commission administrative, composée de MM. Janson, président, Desarbres-Micollier, Rejaunier-Coindre et Louis Humblot-Truchot, administrateurs, prit la résolution suivante :

« MM. les administrateurs ont, à l'unanimité, décidé qu'il serait célébré, dans la chapelle de l'hospice, un service solennel pour le repos de l'âme de feu M. Humblot, et ce, en considération des services qu'il a rendus pendant tout le temps qu'il a été administrateur de cette maison. Après avoir payé un juste tribut d'éloges à la mémoire de leur ancien collègue, ils ont clos leur séance. »

Pierre Humblot ne s'était pas contenté de rendre, comme administrateur, des services à l'hospice ; il avait voulu en devenir le bienfaiteur perpétuel. Voici les dispositions testamentaires qu'il prit dans ce dessein. (Testament olographe du 11 février 1822).

« Art. 5. — Je donne et lègue à l'hôpital des pauvres malades de Villefranche la somme de vingt-quatre mille fr., qui lui seront payés par mon héritière, dans les quatre années qui suivront celle à dater de l'autorisation du gouvernement pour l'acceptation dudit legs, qui est donné dans les conditions suivantes :

1° « L'administration de l'hôpital placera les vingt-quatre mille fr. en biens fonds ou en rentes sur l'Etat, pour du produit en nourrir, vêtir et loger, quand cela se pourra, deux vieillards de 70 ans et au-dessus, n'importe le sexe, natifs ou habitant cette ville depuis plus de vingt ans, lesquels seront désignés au fur et à mesure de décès, par mon héritière ou bien par l'aîné de la famille des Humblot qui existera dans cette ville, et cela tout le temps qu'il en existera ;

2° « L'administration entretiendra les pauvres prisonniers de cette ville d'une quarantaine de garde-paille, que l'on entretiendra de paille lorsque cela sera jugé nécessaire ; l'administration fournira encore chaque année 4 paires de draps pour l'usage des prisonniers à l'infirmerie, ainsi que 4 couvertures.

« L'administration voudra bien encore faire dire, chaque année et à perpétuité, le jour de mon décès ou dans la semaine, une grande messe de mort, où assistera tout le clergé de la ville, plus une messe basse chaque mois, pour le repos de mon âme.

« Si le dit legs ne suffisait pas pour remplir les conditions auxquelles il est donné, l'on réduira celle des prisonniers.

« Ledit legs que je viens de faire n'aura lieu qu'autant que le gouvernement l'agréera, pour en suivre toutes les conditions ; autrement je révoque purement et simplement ledit legs, et mon héritière emploiera la somme de 24,000 fr. en autres bonnes œuvres pies.

« ...Je veux que le legs fait à l'hôpital (art. 5) soit payé dans deux années, au lieu de quatre, après l'acceptation du gouvernement ; en attendant, mon héritière fera remplir la fondation de messes pour le repos de mon âme. »

Le président Janson donna officiellement connaissance de ces dispositions testamentaires aux membres de la Commission administrative, dans la séance du 18 décembre 1822. Estimation faite des charges, la Commission pensa que, pour accepter le legs, elle devait profiter de la latitude laissée par le testateur qui permettait de réduire les conditions en faveur des prisonniers. Voici les données d'après lesquelles elle établissait les charges du legs :

1º Nourriture, vêtement, entretien de deux vieillards .... 1.000 fr

A reporter........... 1.000

Report...... 1.000 fr.

2º Placement et entretien annuel de
40 garde-paille, à 12 fr. l'un........ 480

3º Fourniture annuelle de 4 paires de
draps, 60 fr., et de 4 couvertures, 80 fr. 140

4º Célébration des messes.......... 90

Total..... 1.710

En conséquence, elle proposait de réduire à
70 fr. la part réservée aux prisons, pour arriver à
un service annuel de 1.160 fr., au lieu de 1.710 fr.

Le principe de la réduction fut admis par le
Bureau de charité et par le Conseil municipal.
Le Bureau de charité proposait seulement d'élever
de 70 fr. à 110 fr. la somme destinée aux prisons,
et d'employer la différence de 40 fr. à fournir an-
nuellement 4 garde-paille. Le chiffre total aurait
ainsi formé une somme de 1.200 fr., représentant le revenu de 24.000 fr. à raison de
5 %.

Finalement, la Commission administrative de-
manda que, quels que fussent le produit annuel
du capital légué et le mode de placement, on ap-
pliquât la rente dans les proportions suivantes :
1º aux deux vieillards, 33/40 ; 2º aux prisonniers,
3/40 ; 3º au service religieux, 4/40.

Le 24 mars 1824, le maire J.-G. Desarbres
transmettait aux administrateurs la copie de l'or-

donnance royale qui les autorisait à accepter le legs de Pierre Humblot, et ordonnait (contrairement au vœu de la Commission) que cette somme fût employée en achat de rentes sur l'Etat. Le 11 décembre 1826, les 24.000 fr. furent encaissés par le receveur particulier de l'arrondissement de Villefranche.

Le legs de Pierre Humblot n'eut pas seulement pour résultat d'assurer à perpétuité une retraite à deux vieillards pauvres. Sa charitable initiative donna naissance à une œuvre plus générale, comme on le voit par l'extrait suivant d'une délibération de la Commission administrative de l'hospice.

« Ce jourd'hui 28 novembre 1824, dans la séance de la Commission administrative de l'hôpital civil de Villefranche, où étaient MM. Desarbres, maire, président né de l'administration, Couppier, président ordinaire, membre de la Chambre des députés, Humblot, ordonnateur général, Rejaunier, Desarbres et Peyré, administrateurs ;

« Il a été rapporté qu'en suite des autorisations données par M. le préfet, les appartements de la maison Bicêtre avaient été disposés pour être réunis à la maison; que c'était dans ces appartements que l'on pensait placer les vieillards que doit recevoir l'hôpital en suite des dispositions testamentaires de feu M. Pierre-Jean Humblot, approuvées par ordonnance du roi.

« L'administration, saisissant cette circonstance pour réaliser un vœu formé depuis longtemps, pense qu'aux deux lits fondés par M. Humblot pour des vieillards, on peut en ajouter quelques autres. C'est la seule chose qui manque à cet établissement pour qu'il fasse tout le bien qu'on doit en attendre. Les revenus permettent qu'on augmente les dépenses, et les lits actuels suffisant aux malades, on ne peut mieux les employer qu'à des fondations de ce genre. L'administration, ayant donc réfléchi à la dépense que pouvait faire, par année, chaque vieillard, croit devoir, se borner pour le moment à établir six lits, non compris les deux fondés par M. Humblot. »

Ces nobles exemples suscitèrent des imitateurs, et la charité privée a, depuis un demi-siècle, multiplié les fondations en faveur des vieillards. Aujourd'hui, le nombre de ces fondations est de cinquante-huit. Ce sera l'impérissable honneur de Pierre Humblot d'avoir doté sa ville natale d'une œuvre si éminemment chrétienne, qui embrasse à la fois la charité corporelle et la charité spirituelle.

La municipalité de Villefranche se proposait, sans doute, d'en perpétuer la mémoire, lorsqu'elle imposa, il y a une quarantaine d'années, le nom de *Humblot* à la rue qui longe, à l'orient, la maison habitée durant près de deux siècles, par les aînés de la famille Humblot.

Enfants issus du premier mariage.

(Trois).

Pierre Humblot épousa à 21 ans, en 1791, Marie-Louise Buiron.

1º Jean-Baptiste-Benoît-Félix. — Né à Villefranche, le 10 octobre 1792. Baptisé le 11, par Chanrion, curé constitutionnel de Villefranche. Parrain : Jean-Baptiste Humblot, grand-père, représenté par Benoît Humblot (oncle de l'enfant) ; marraine : Jeanne Ducroux (de la Voute), femme de Nicolas Buiron.

2º Françoise-Elisabeth. — Née à Villefranche, le 22 février 1795 (4 ventôse an III).

Elle mourut à Villefranche, dans sa 26ᵉ année, le 16 mars 1820, et fut enterrée le 17, par C. Genevey, curé.

3º Amélie. — Née à Villefranche, le 26 janvier 1796 (6 pluviôse an IV).

Enfant issue du second mariage.

Pierre Humblot épousa, en secondes noces, à l'âge de 38 ans, le 25 octobre 1808, Judith-Louise-Elisabeth Dubost, âgée de 16 ans et demi, fille de Claude-Marie Dubost, doyen des juges en la cour d'appel de Lyon, et de Jeanne-Marie-Louise-Bonne Humbert. La bénédiction nuptiale fut donnée par René Desvernay, ancien curé de Villefranche.

Judith-Louise-Elisabeth Dubost était née à Villefranche, le 15 mai 1792. Elle fut baptisée le 16 par Chanrion, curé constitutionnel. Parrain : Louis Humbert, citoyen de Villefranche ; marraine : Judith Dubost, femme de Claude Ronjon, contrôleur de Villefranche. Claude-Marie Dubost était alors commissaire du roi au tribunal du district de Villefranche. — Le 3 février 1836, elle épousa, en secondes noces, à Villefranche, Louis-André-Alphonse Gairal, ancien juge au tribunal civil de la Seine, alors conseiller à la cour royale de Lyon. Elle mourut, à Lyon, rue d'Auvergne 6, dans sa 85e année, le 18 avril 1877.

Antoinette-AMÉLIE. — Née à Villefranche, le 15 avril 1819. Baptisée le 16, par C. Genevey, curé. Parrain : Arnould Humblot, oncle de l'enfant, demeurant à Paris, représenté par Claude-Antoine Humblot-Gromier, négociant de Villefranche ; marraine : Antoinette Saint-Martin-Humbert, bisaïeule de l'enfant.

Dans sa 17e année, Amélie épousa, à Villefranche, le 2 février 1836, le marquis Antoine-Annet-François de Lastic, fils majeur du comte Pierre-Annet-Joseph de Lastic et de la comtesse Gertrude-Octavie-Charlotte-Marguerite de Lastic, propriétaire du château de Parentignat, près Issoire (Puy-de-Dôme). La bénédiction nuptiale fut donnée par C. Courbon de Faubert; curé de Villefranche. Témoins : Jean-Annet-Melchior, comte de Lastic, oncle de l'époux, et Louis-André-Alphonse Gairal, conseiller à la cour royale de Lyon.

Amélie mourut subitement, à Clermont-Ferrand, le 17 janvier 1868. Elle avait communié le matin même, jour de fête de son patron saint Antoine.

§ I.

RAMEAU **A**.

V — A. 1 — **BENOIT**.

Fils de Jean-Baptiste Humblot et de Claudine Desvernay. Né à Villefranche, le 30 janvier 1775. Baptisé le même jour, par Sibert, vicaire. Parrain : Benoît Desvernay, négociant à Saint-Symphorien-de-Lay (oncle maternel) ; marraine : Jeanne-Marie Rabut, femme de Louis Humblot, négociant à Villefranche.

Benoît épousa Jeanne-Marguerite Bonin, en 1803.

Il mourut en 1809 ou en 1810.

Benoît Humblot est souvent désigné sous le nom de Humblot-Pommier.

Enfant issu du mariage

Benoît Humblot épousa en 1803, Jeanne-Marguerite Bonin, née à Chalon-sur-Saône, en 1787, fille de N... Bonin, négociant, et de Jeanne Jersaillon. — Sept ans après la mort de Benoît Humblot, Marguerite Bonin épousa, en secondes noces, Ed.-François Jomard, membre de l'Institut.

VI — A. 2 — Jean-Baptiste-Jules-CHARLES.

Né à La Boutière, commune de Saint-Vallerin (Saône-et-Loire), le 23 septembre 1802 (1er vendémiaire an XI). Baptisé le dimanche 4 décembre suivant (13 frimaire an XI), par Pagès, curé. Parrain : Jean-Baptiste Humblot, propriétaire à La Ferté, grand-père de l'enfant ; marraine : Jeanne Jersaillon, femme de N... Bonin, négociant, à Chalon, grand'mère de l'enfant.

Charles épousa Paméla-Marie-Clotilde CLÉMENT-DÉSORMÈS, le 5 janvier 1836.

Il mourut à La Boutière, dans sa 57e année, le 22 juillet 1859, et fut enterré le 24.

Enfants issues du mariage.

(Deux).

1° MARGUERITE.

Née à Paris, le 7 février 1837.

Elle mourut à Cauterets (Hautes-Pyrénées), dans sa 21ᵉ année, le 17 août 1858.

2º HÉLÈNE-Mathilde.

Née à Paris, le 12 mars 1843. Baptisée à La Ferté-sur-Grosne, le 25 juillet suivant. Parrain : Arnould Humblot-Conté, grand-oncle paternel ; marraine : Mathilde Clément-Desormes, femme de N... Cavalier, ingénieur en chef des ponts et chaussées, tante maternelle de l'enfant.

Elle épousa, en 1862, N... Pensa, magistrat.

§ II.

RAMEAU B.

V. — B. — ARNOULD.

Né à Villefranche. Baptisé le 7 novembre 1776. Parrain : Arnoul Buiron ; marraine : Marianne Micollier, femme de Pierre Desarbres, négociant de Villefranche.

Il épousa Louise - Jeanne - Félicité - Hélène CONTÉ en 1795.

Arnould Humblot étudia les sciences, à Paris, avec Dupuytren et avec Thénard, qui devint son gendre. Ayant reçu de son beau-père Conté le secret de la fabrication des crayons artificiels, dont

celui-ci était l'inventeur, il développa cette industrie, qui est restée dans la famille.

Il fut, de longues années, membre, et plusieurs
fois président, du Conseil général du département
de Saône-et-Loire. A sa mort, ce fut Alp. de La-
martine qui lui succéda à la présidence.

Conseiller général

Arnould Humblot fut envoyé, en 1820, à la
Chambre des députés par l'arrondissement de
Charolles où il possédait de grandes propriétés et
le château de Brêche. Il y siégea constamment à
côté de son ami Royer-Collard, « et s'y fit remarquer, lit-on dans une circulaire électorale de 1827,
par la sagesse de ses opinions constitutionnelles
et royalistes. »

Député

Le 18 novembre 1827, le collège électoral de l'arrondissement de Villefranche proclama député Arnould Humblot, en même temps que les collèges
électoraux du Nord et du Midi de Lyon procla-
maient Jars et Royer-Collard.

Il fut réélu le 19 juillet 1830.

Deux ans plus tard, en 1832, il fut élevé à la
Pairie. C'est lui qui fut le promoteur de la loi de
1836 sur les chemins vicinaux, loi qui a couvert
la France de bonnes routes.

Pair de France

En 1837, Arnould Humblot fonda, en communauté avec sa femme, la chapelle vicariale de La
Ferté-sur-Grosne. Le 25 juillet 1843, il y tint sur
les fonts du baptême deux de ses arrière-petits-fils

et une de ses petites-nièces : 1° Arnould-Georges
Desvernay, fils d'Antoine Desvernay ; 2° Arnould-
Eugène-Georges Thénard, fils du baron Paul
Thénard ; 3° Hélène-Mathilde Humblot, fille de
Charles Humblot.

Arnould Humblot mourut, dans sa 69e année,
le 22 janvier 1845, à Chalon-sur-Saône.

Le *Courrier de Saône-et-Loire* (nos des 23 janvier et 7 février 1845) publia une notice dont
voici quelques extraits.

«... La santé de l'honorable Pair, longtemps
chancelante, semblait sensiblement raffermie
depuis sa retraite volontaire des affaires publiques
et l'abandon du séjour de Paris. Tout nous faisait
donc espérer que nous jouirions pendant longues
années, nous, de sa présence et des lumières de sa
haute expérience, lui, du fruit de ses travaux et
des souvenirs d'une vie si utilement et si digne-
ment remplie.

« La Providence en avait ordonné autrement.
Frappé par une de ces révolutions organiques
qui ne laissent ni le temps de proférer une
parole, ni celui même de sentir le coup fatal,
M. Humblot-Conté a succombé dans la soirée
du 22 janvier dernier, et l'événement foudroyant,
qui enlevait aux uns un bienfaiteur, aux autres
un ami et à tous un compatriote illustre, a retenti
subitement dans tous les cœurs. La stupeur a été

générale, et chacun s'abordait les larmes aux
yeux comme s'il eût perdu un membre de sa
propre famille.

« Le 24 janvier à dix heures du matin, la cérémonie funèbre a eu lieu au milieu d'un concours
immense de citoyens de tous les rangs, de toutes
les classes et même de toutes les opinions, car
une seule régnait en ce moment, c'était les regrets
universels qu'emportait l'homme vénéré dont
nous accompagnions le cercueil.

« MM. Dubessey, sous-préfet; Ferdinand
Coste, maire de Chalon; Chevreau, président
du tribunal civil; et Benoist, membre du
conseil général, tenaient le poële du cercueil,
escorté par un détachement de la garnison. Après
la messe solennelle célébrée dans l'église
paroissiale de St-Pierre, le cortège funèbre s'est
dirigé vers la porte de Lyon et s'est arrêté aux
limites de la commune de Saint-Cosme où un char
était disposé pour recevoir le corps. Le convoi
s'est alors mis en route, suivi par une longue
file de voitures où s'étaient placés le plus grand
nombre des amis de l'illustre défunt, jaloux d'ac-
compagner sa dépouille mortelle jusqu'au lieu
que lui-même avait désigné pour sa dernière
demeure.

« A peine arrivé aux deux tiers du trajet de
La Ferté, la population entière des villages de

St-Ambreuil, Beaumont, etc., a rejoint le cortège et accompagné à pied, malgré le temps effroyable et la neige qui tombait à flocons épais, le cercueil de leur bienfaiteur.

« Aux approches du château de La Ferté, la foule s'est accrue des habitants de Laives, Sennecey-le-Grand et autres lieux...

« La dernière cérémonie a eu lieu dans la chapelle que le défunt avait érigée il y a peu d'années... »

Aux funérailles, deux discours furent prononcés sur la tombe d'Arnould Humblot, l'un, par M. Chevreau, l'autre, par M. Dubessey. Le discours de M. Chevreau contient quelques indications à recueillir.

« ...Il était bien jeune encore lorsque éclata notre première révolution ; mais, partageant l'enthousiasme dont étaient saisis tous les esprits généreux, il s'engagea volontairement parmi les intrépides défenseurs qui allèrent alors repousser l'Europe coalisée voulant envahir nos frontières..... Homme de sens et de raison, d'une expérience consommée, scrupuleux observateur des obligations que lui imposait l'accomplissement de sa mission, il se livra avec ardeur aux travaux législatifs, et prit une part active à la confection de toutes les lois importantes qui furent alors discutées... Comme à la Chambre des Députés, il se distingua, à la Chambre des Pairs, par son aptitude aux affaires et sa haute intelligence ; et, si la loi sur l'organisation municipale fut proposée et pour ainsi dire créée par lui lorsqu'il était député, on peut dire aussi qu'il fut, à la Chambre des Pairs, un des plus habiles coopérateurs de la loi sur les chemins vicinaux... »

Arnould Humblot était chevalier de la Légion d'honneur depuis 1834, et Président de la Société d'agriculture de Chalon-sur-Saône.

Enfants issus du mariage.

(Deux).

Arnould Humblot n'avait que 19 ans lorsqu'il épousa à Paris, en 1795, Louise-Jeanne-Félicité-Hélène Conté, âgée de 15 à 16 ans, fille de Nicolas-Jacques Conté et de N... de Chompre de Brossard. (1)

_____

(1) Nicolas-Jacques Conté était né le 4 août 1755, au hameau de Saint-Cénery, près de Séez, paroisse d'Aunou-sur-Orne (Normandie), « de parents cultivateurs de leurs biens propres dans le même lieu, depuis 250 ans. » (*Notice sur Conté*, par Jomard, de l'Institut). Il épousa à Séez, en 1778, Mlle de Chompre, fille d'un officier des chevau-léger, restée veuve à 17 ans, et un peu plus âgée que lui. Il s'établit à Paris avec sa femme et sa fille en 1785. Mme Conté mourut en 1804, emportée par une maladie inflammatoire. « Toutefois, dit Jomard, il lui restait sa fille chérie, si digne de la remplacer, de soulager sa douleur par des soins tendres et

Hélène Conté mourut, âgée de 74 à 75 ans,
au château de La Ferté, le 6 novembre 1854. La
Gazette de Lyon (n° du 16 novembre 1854) an-
nonçait sa mort en ces termes : « La commune
de Saint-Ambreuil, dans les environs de Chalon-sur-Saône, vient de faire une perte vivement
sentie. Le 6 de ce mois, Mme Humblot-Conté a ter-
miné chrétiennement, dans le magnifique château

pieux, et son gendre qu'il aimait comme un fils, M. Humblot, bien digne aussi de cette affection par ses talents et
ses rares qualités.»

Conté mourut d'un anévrisme, le 6 décembre 1805, âgé
seulement de 50 ans et 4 mois.

« Ingénieur, physicien, artiste, mécanicien, travailleur
infatigable, inventeur fécond, il a marqué honorablemen_t
tous les pas de sa trop courte carrière, et il a été admiré dans
un temps où les prodiges ne manquaient pas. » (Jomard).

Une statue a été élevée à Conté, dans la ville de Séez.

Sur le devant du piédestal on lit cette inscription :

LA VILLE DE SÉEZ A N.-J. CONTÉ

1852.

On a gravé au-dessous cette citation extraite des
Mémoires de Napoléon.

« Conté, homme universel... capable de créer les arts de
la France dans les déserts de l'Arabie. »

Sur la 4° face, on lit :

« Conté a toutes les sciences dans la tête et tous les arts
dans la main. » (Monge)

« Conté est la colonne de l'expédition d'Egypte et l'âme de
la colonie. » (Berthollet).

de La Ferté, qu'elle habitait, sa longue et honorable carrière. Elle y avait fait construire, près du parc, une chapelle érigée en succursale, où une partie de la population de la commune pouvait assister, avec moins de déplacement, à l'office divin. Ses bonnes œuvre s'étendaient au loin... Mme Humblot-Conté avait conservé, dans un âge avancé, tous les agréments de l'esprit et presque de la personne. Sa conversation était animée, son cœur excellent...... »

1° Jeanne-Victoire, dite VICTORINE. — Née à Paris en 1796.

Elle épousa, en 1814, Louis-Jacques Thénard, l'illustre chimiste.

Louis-Jacques Thénard, né le 4 mai 1777, au village de La Louptière (1), près de Nogent-sur-Seine (Aube), était fils d'un simple cultivateur.

«... Dès le temps, raconte Flourens (2), où le patronage de Vauquelin lui était venu en aide, Thénard avait connu M. Humblot, jeune chimiste que la fortune et la naissance conviaient à une vie aussi facile que la sienne était alors sévère. Pour soutenir le courage de Thénard,

(1) Le village de La Louptière porte officiellement aujourd'hui le nom de La Louptière-Thénard.

(2) *Eloge historique de L. J. Thénard*, par Flourens, secrétaire perpétuel de l'Académie des Sciences; séance du 30 janvier 1860.

souvent celui-ci lui avait rappelé la destinée de
son beau-père, qui, garçon jardinier dans un cou-
vent (1), y avait improvisé son talent de peintre,
et qui, à sa patrie en révolution ayant su offrir
de successives et semblables improvisations, avait
grandi ses services, son illustration, sa fortune,
et s'était vu comblé de la confiance d'un héros qui
a écrit de lui : « Conté est capable de créer les arts
de la France au milieu des déserts de l'Arabie. »

« Cette famille recevait Thénard dans l'inti-
mité ; elle avait applaudi à tous ses succès ; rien,
dans son passé, rien, dans sa modeste fortune
n'était ignoré d'elle. Mme Humblot eut cependant à deviner : heureusement, en sa qualité de
fille de Conté, était-elle fort ingénieuse ; elle de-
vina donc que Thénard rêvait silencieusement à
quelque grand succès qui lui donnât enfin l'au-
dace de lui demander sa fille, que, avouait-il, il
ne trouvait que trop belle et que trop riche.

« Cet obstacle n'ayant pas paru insurmontable,
notre savant se maria. Comme il était homme de
sens, d'ordre, et qu'il savait entrer dans les
détails de la vie pratique, il commença dès ce
moment à édifier cette grande fortune où se sont
confondus les fruits de son labeur, de son alliance
et de sa bonne administration. »

(1) L'hôpital de Séez.

D'abord préparateur de chimie, Thénard ne tarda pas à devenir professeur, et il occupa en même temps les trois premières chaires de chimie de Paris : celle de la Faculté des Sciences, dont il fut nommé doyen en 1821 ; celle de l'Ecole polytechnique (1808), qu'il partageait avec Gay-Lussac; celle du collège de France (1802). Il était membre de l'Institut depuis 1810.

En récompense des services rendus à l'industrie et aux arts par l'éminent chimiste, le roi Charles X, à l'occasion de son couronnement, le créa baron.

« Elu député, en novembre 1827, par les arrondissements de Sens et de Joigny (Yonne), le baron Thénard apporta à la Chambre l'autorité de son nom et de ses connaissances, et c'est sur son rapport que fut rendue la loi du 14 juin 1829, en vertu de laquelle l'ancienne monnaie de France n'a plus eu cours à partir de 1834... Il fut réélu après la dissolution de la Chambre, et encore à la fin de 1830, lorsqu'il eut été nommé au Conseil royal de l'Instruction publique. Son mandat ne lui fut pas renouvelé cependant aux élections de 1831 ; mais, le 11 octobre 1832, le roi Louis-Philippe l'appela à la Chambre des Pairs. » (1)

Il était chevalier de la Légion d'honneur de-

(1) *Encyclopédie des gens du monde*, t. XXII, p. 34.

puis 1815, et officier depuis 1828 ; il fut nommé commandeur le 30 mai 1837, et grand officier en 1842.

Les principaux ouvrages de Thénard sont : les *Recherches physico-chimiques*, exposé des découvertes faites en collaboration avec Gay-Lussac, 2 vol. in-8°, 1811 ; — un *Traité de chimie élémentaire, théorique et pratique*, 4 vol. in-8° (édit. de 1813-1816), 5 vol. in-8° (édit. de 1833-1836) ; cet ouvrage a été traduit dans toutes les langues d'Europe.

Louis-Jacques Thénard mourut, dans sa 81ᵉ année, le 21 juin 1857. Une statue lui a été érigée à Sens en 1861.

Victorine Humblot mourut à Paris, âgée de 59 ans, le 14 avril 1855.

2° CÉCILE-Jeanne-Adèle. — Née à Paris en 1802.

Elle épousa Nicolas Laurens, en mai 1819.

Nicolas Laurens, fils de Pierre-Matthieu Laurens et de Jeanne Gaillard, était né à Villefranche, le 14 octobre 1788. Il fut député de l'arrondissement de Villefranche, de 1834 à 1842, puis nommé Pair de France en 1845, en remplacement de son beau-père Arnould Humblot-Conté. Il mourut à Paris, dans sa 65ᵉ année, le 30 août 1853.

« M. Laurens-Humblot, lit-on dans le *Courrier de Saône-et-Loire* (n° du 7 septembre 1853), qui fut 18 ans membre du Conseil général du Rhône

9 ans député sous trois législatures, et enfin 3 ans Pair de France, est décédé le 30 août à Paris, à l'âge de 64 ans. Son corps embaumé, accompagné d'un prêtre, est arrivé le 2 septembre au château de Genouilleux (Ain), propriété de famille, située sur le bord de la Saône... Il a été présenté à l'église du village, où ses obsèques ont été célébrées le 3, au milieu de l'empressement recueilli des assistants; ses restes mortels ont été déposés auprès de ceux de son père. »

Cécile Humblot mourut deux ans après son mari. « Le 11 août 1855, sur la montagne sainte de la Salette, après quatre jours d'une retraite fervente, décède, munie de tous les secours religieux, Cécile-Jeanne-Adèle Humblot, veuve de sieur Nicolas Laurens, dame d'une inépuisable charité, fondatrice de l'école religieuse de la paroisse de Genouilleux, âgée de 54 ans... Inhumée dans le cimetière de Genouilleux, le 16 août. — Carlos, curé. »

BRANCHE CADETTE

IV — 1 — LOUIS.

Fils de Claude-Antoine Humblot et de Anne Deroux. Né à Villefranche, le 13 septembre 1741. Baptisé le même jour, par Matthieu Chastelain d'Essertine, curé-sacristain. Parrain : Louis Desarbres, marchand de Villefranche; marraine : Françoise Deroux, femme de Jean-Louis Desarbres, marchand ciergier de Villefranche.

Louis épousa Claudine-Jeanne-Marie RABUT.

Le 21 mars 1764, il fut parrain, à Villefranche, de son neveu Louis-Marie, fils d'Arnould Buiron.

De 1787 à 1790, il fut recteur de la Confrérie
des Pénitents-Noirs.

En 1519, lorsque la révolte de Luther commençait
de désoler la chrétienté, des fidèles de Rome eurent
la pensée d'implorer en commun la miséricorde divine
par des exercices de pénitence, de piété et de charité. Léon X approuva leur dessein, et une confrérie
fut érigée, dans l'église Saint-Marcel, sous le vocable
du Très-Saint-Crucifix. Les membres de la nouvelle
confrérie furent appelés Pénitents-Noirs à cause de la
couleur du sac dont ils étaient revêtus.

Un indult du cardinal Henri Cajetan, légat de
Sixte V, établit à Lyon, le 26 février 1590, la confrérie du Très-Saint-Crucifix.

Voici, d'après Pierre Louvet (1), en quelles circons-
tances la même confrérie fut érigée à Villefranche.

« ...Quelques dévots habitants de Villefranche,
voyant ces deux congrégations (celles de Rome et de
Lyon) établies au temps où l'Eglise étoit le plus per-
sécutée, résolurent d'en faire autant lorsque notre
glorieux et invincible monarque Louis XIII portoit
ses armes dans le Languedoc, Guienne, Dauphiné et
Poitou pour y rétablir la religion catholique et ôter
aux Huguenots les villes de sûreté, otage de retraite,
de refuge et autres qui servoient de tanières à ces
renardeaux qui détruisoient la vigne de Dieu et se-
couoient l'obéissance de leur souverain. Et pour

(1) *Histoire de Villefranche, capitale du Beaujolois;* 1 vol.
in-8°, 1671. Pag. 36-38.

parvenir à ce bon dessein d'assister de leurs prières et attirer la bénédiction du ciel sur la tête d'un si bon prince, qui entreprenoit une si glorieuse expédition, ils s'assemblèrent le 28 juillet 1621 et résolurent de dresser une congrégation, sous le vocable du Très-Saint-Crucifix, puisque c'est sous ce signe qu'on vient à bout des ennemis de l'Eglise, comme il fut révélé au grand Constantin; et à ces fins quelques-uns d'eux s'étant acheminés à Lyon pour en avoir permission du seigneur archevêque, ne l'ayant pu obtenir, à cause qu'il étoit mandé par le Saint Père Grégoire XV de se trouver en diligence à Rome, ils y envoyèrent pour avoir bulle suffisante et indulgences, ce qui leur fut accordé par le même Saint Père, le 6 des ides de mars 1622, avec permission de faire leur chapelle au lieu par eux appensionné. Ce qui ayant été communiqué au sieur Thomas Meschatin la Faye, chamarier, chanoine et comte de Lyon, official de la primace, vicaire général tant au spirituel qu'au temporel du seigneur archevêque de Lyon, il accorda leur demande et leurs statuts, à la charge de reconnoistre le pasteur de l'église paroissiale quant à la réception des sacrements et autres droits curiaux, par ses lettres du 23 juin 1623. En suite de quoy, le 22 juillet de la même année, jour et feste de sainte Marie-Magdeleine, ils reçurent l'habit par les mains de Mre Nicolas Gay, docteur en théologie et curé de ladite ville, avec une docte exhortation qui leur fut faite par Mre Antoine du Vouldy, archiprêtre d'Anse et curé de Cogny, en présence de M. Me Claude Charreton, sieur de

la Terrière, conseiller du roi et lieutenant général au
bailliage. »

« Les Pénitents-Noirs, lit-on dans les *Mémoires* déjà
cités (1), ont bâty une chapelle pour leurs saints em-
ploys, derrière l'église paroissiale; la dévotion et la
netteté y paroissent, et touchent les cœurs de ceux qui
y entrent. Ils sont sous le titre du saint Crucifix; et
selon leur institution, à l'imitation du Sauveur, ils
s'occupent à tous les offices de la charité. Ils visitent
les malades et les prisonniers, les consolent et les assis-
tent. Ils rendent les derniers devoirs aux criminels
qui sont condamnés à la mort; ils les suivent en
procession jusques au lieu de l'exécution, ils prient
pour eux, ils les enterrent; et, leur charité pour ces
misérables les suivant encore dans l'autre vie, ils font
dire pour leurs âmes des messes et des prières parti-
culières. Ils exposent le saint sacrement dans leur chapelle en diverses occasions, mais avec plus d'appareil
en la feste de tous les Saints et au jour des Morts, où
l'indulgence plénière excite l'usage si avantageux des
sacrements, dans toute sorte de personnes. »

Sous le rectorat de Louis Humblot, les Pénitents-Noirs avaient pour aumônier le chanoine
Benoît Deroche et pour vice-recteur l'abbé Gros,
vicaire de N.-D. des Marais. Comme tant d'autres
institutions pieuses et charitables, la Confrérie des
Pénitents-Noirs de Villefranche disparut sans re-

(1) *Mémoires contenant ce qu'il y a de plus remarquable
dans Villefranche*, etc.; p. 25-26.

tour dans la tourmente révolutionnaire. Louis Humblot en avait été le dernier recteur.

Nous ignorons la date de la mort de Louis Humblot, mais nous pensons qu'elle est antérieure à l'année 1800.

Enfants issus du mariage.
(Neuf).

1° Jeanne-ANTOINETTE. — Née à Villefranche, le 3 février 1775. Baptisée le 4, par Sibert, vicaire. Parrain : Jean-Baptiste Humblot, négociant (oncle de l'enfant) ; marraine : Antoinette Dufour (1).

Antoinette mourut, âgée de 22 jours, le 25 février 1775, et fut enterrée le 26, par Sibert.

2° CLAUDE-Antoine, qui suit (voir p. 108).

3° Jean-LOUIS. — Rameau a (voir p. 114).

4° JEANNE. — Née à Villefranche, le 5 juillet 1780. Baptisée le 6, par J.-J. Lièvre, curé. Parrain : Arnould Gaillard, bourgeois de Villefranche ; marraine : Jeanne Humblot, femme d'Arnould Buiron, tante paternelle.

5° CÉSARINE. — Née en 1781.

Elle mourut, à Villefranche, âgée de 3 ans, le 26 novembre 1783, et fut enterrée le 27, par Dominique Roland de la Platière, chanoine-chantre, curé commis.

6° Arnould. — Né à Villefranche. Baptisé le

(1) Signé au registre : Dufour de Mont-Louis.

6 février 1783. Parrain : Arnould Buiron ; marraine : Claudine Desvernay (femme de Jean-Baptiste Humblot, tante de l'enfant.)

Marie-Françoise-LAURE. — Née à Villefranche, le 6 mars 1785. Baptisée le 7, par R. Desvernay, curé. Parrain : Nicolas Buiron, négociant de Villefranche ; marraine : Françoise Gaillard.

Laure fut marraine, à Villefranche, le 22 janvier 1807, de son neveu Louis-Marie-François, fils de Claude-Antoine Humblot ; et, le 24 juin 1817, de son neveu François-Henri, fils de Jean-Louis Humblot.

Laure mourut à Villefranche, dans sa 49e année, le 30 août 1833, et fut enterrée le 31, par Tarérias, vicaire.

8° ANTOINETTE. — Née à Villefranche, le 30 octobre 1788. Baptisée le même jour, par R. Desvernay. Parrain : Pierre-Edouard Brunier, médecin des Enfants de France (1), représenté par Claude Humblot, chanoine ; marraine : Antoinette Chapuis (2), femme du parrain, représentée par

(1) L'Almanach royal de 1788 porte : Médecin de Mgr le Dauphin et des Enfants de France, M. Brunyer, conseiller d'Etat, docteur en médecine, médecin de l'Infirmerie royale et de la Charité de Versailles ; en cour.

(2) Antoinette Chapuis était mariée en troisièmes noces au Dr Brunier. Elle était veuve, en premières noces, de Rabut, et, en deuxièmes, de Dufour de Mont-Louis.

Jeanne-Elisabeth Humblot, fille de Jean-Baptiste Humblot.

Le 26 décembre 1808, Antoinette fut marraine, à Villefranche, de son neveu Jean-Marie-Gabriel-Antoine, fils de Claude-Antoine Humblot.

Antoinette mourut à Villefranche, dans sa 58e année, le 2 février 1846, et fut enterrée le 4, par Jean Ferrier, vicaire.

9° Marie-Jeanne-Ennemonde, dite LUCILE. — Née à Villefranche, en 1793.

Elle était orpheline de père et de mère, et avait pour tuteur son frère Claude-Antoine Humblot, lorsqu'elle épousa, le 9 novemdre 1812, Alexandre Mondesert, négociant à Villefranche, fils de Benoît Mondesert et de Claire Berroud, propriétaire à Guéreins (Ain). — Alexandre Mondesert, nommé conseiller municipal de Villefranche par ordonnance royale du 21 décembre 1815, en exerça les fonctions jusqu'en 1829. Il fut juge de paix du canton de Villefranche de 1818 à 1823.

Lucile mourut à Lyon, rue Tramassac, âgée de 37 ans, le 24 mai 1830, et fut enterrée le 25, au cimetière de Loyasse, par le vicaire de la paroisse St-Jean (3).

_____

(3) L'acte de sépulture, inscrit sur les registres paroissiaux de Saint-Jean, porte : « Marie-Anémone Humblot, femme Mondesert. »

V— 2 — CLAUDE-ANTOINE.

Né à Villefranche, le 16 janvier 1776. Baptisé
le 17 par J.-J. Lièvre, curé. Parrain : Claude
Humblot, chanoine ; marraine : Anne Gombault,
veuve de Zacharie Bertucat.

Claude-Antoine épousa Marie-Françoise-Emilie GROMIER, en 1797.

Il habita Bourg-en-Bresse depuis l'époque de
son mariage jusqu'en 1805, qu'il revint à Villefranche.

Administrat^r
des
prisons

Claude-Antoine Humblot fit partie du « Conseil gratuit et charitable des prisons de Villefranche », de 1822 à 1833.

Membre
du bureau
de charité

Par décision ministérielle du 4 juin 1822, il
fut nommé membre du « Bureau de charité près
l'administration de l'hôpital », en conformité de
l'ordonnance royale du 31 octobre 1821. Ce Bureau, qui, à Villefranche, se composait de dix
membres, avait pour attribution d'examiner et d'arrêter le budget présenté par la commission administrative, et de donner son avis dans les questions importantes. Claude-Antoine ne fut installé
que le 29 décembre 1822 ; ses collègues avaient
pris possession le 22 août précédent. Il fut membre du Bureau jusqu'en 1830.

Nommé conseiller municipal de Villefranche, par ordonnance royale du 30 avril 1823, il en exerça les fonctions jusqu'en 1830. Conseiller municipal

Claude-Antoine Humblot succéda, comme juge de paix, à son beau-frère A. Mondesert, après un intérim de deux ans (1824 et 1825). Le 28 octobre 1827 il signa, en cette qualité, le procès-verbal d'installation de Ferdinand Donnet (1) à la cure de Villefranche. Il resta juge de paix jusqu'en 1830. Juge de paix

Le 28 juin 1835, il signa au procès-verbal d'installation de Charles Courbon de Faubert, curé de Villefranche.

Claude-Antoine mourut à Villefranche, dans sa 63e année, le 9 février 1838, et fut enterré le 11, par Pierre Napolier, vicaire.

Enfants issus du mariage.
(Neuf)

Claude-Antoine Humblot épousa, au mois de septembre 1797, Marie-Françoise-Emilie Gromier, fille mineure de défunt Marie-Louis Gromier et de Marie-Françoise Dymier, domiciliée à Bourg-en-Bresse. L'acte de mariage fut passé à Bourg, devant l'officier civil Piquet l'aîné, le 19 septembre 1797 (3e jour complémentaire de l'an V). Cet acte

---

(1) Aujourd'hui cardinal archevêque de Bordeaux.

constate que Marie-Louis Gromier, était « décédé au service de la République. » Témoins : Claude-Marie Gromier, frère de la future épouse ; Pierre-Edouard Brunier, médecin à Versailles ; Louis-Marie Camet ; Joseph Personnaz.

Emilie Gromier mourut à Villefranche, âgée de 33 ans, le 27 mars 1810, et fut enterrée le 28, par C. Genevey, curé.

1º Charles. — Né à Bourg, le 17 septembre 1798 (1er jour complémentaire de l'an VI).

Il mourut à Bourg, âgé de 4 mois, le 20 janvier 1799 (1er pluviôse an VII).

2º Jeanne-Marie, dite JENNY. — Née à Bourg, le 1er novembre 1799.

« Jeanne-Marie Humblot, fille légitime de M. Claude-Antoine Humblot, négociant, demeurant actuellement à Villefranche, et de défunte Marie-Françoise-Emilie Gromier, née à Bourg, le 1er novembre 1799, a été baptisée deux ou trois jours après sa naissance, dans le domicile de son père, par dom Guirman, ex-procureur de la Chartreuse d'Harvière, prêtre, et a eu pour parrain M. Louis-Marie Gromier, son oncle maternel, propriétaire demeurant à Bourg, et pour marraine Jeanne-Marie N..., veuve Vuy, demeurant audit Bourg. — Cette déclaration faite par-devant nous soussigné, le 15 avril 1813, par le père qui a signé. Humblot Gr., Genevey, curé. »

Jenny Humblot épousa, à Villefranche, le
23 août 1819, Antoine-Emmanuel Laville de la
Plaigne, docteur en médecine, résidant à Lyon,
paroisse d'Ainay, fils majeur de feu Antoine-
Pierre Laville de la Plaigne et d'Antoinette-Chris-
tine Aubier de la Monteille. La bénédiction nuptiale fut donnée par C. Genevey, curé. Témoins :
Jean-Louis Humblot, négociant; Alexandre Mondesert, juge de paix; Pierre-Jean Humblot, adjoint
de la mairie; Jacques Baillot, maire de Fareins.

3º Louise-Geneviève. — Née à Bourg, le 1er ou
le 2 avril 1801.

« Louise-Geneviève Humblot, fille de M. Claude-Antoine Humblot, négociant, demeurant actuellement à Villefranche, et de défunte Marie-
Françoise-Emilie Gromier, née à Bourg, le 1er ou
le 2 avril 1801, a été baptisée environ huit
jours après sa naissance, dans le domicile de son
père, audit Bourg, par dom Guirman, ex-procureur de la Chartreuse d'Harvière, prêtre, et a eu
pour parrain M. Jean-Louis Humblot, aussi
négociant, demeurant audit Villefranche, son
oncle, et pour marraine défunte Geneviève Piquet,
à son décès femme Faguet, qui demeurait à Bourg.
— Cette déclaration faite pardevant nous soussigné, ce jourd'hui, 5 avril 1813, par le père et
par le parrain qui ont signé. — Humblot Gr.,
L. Humblot, Genevey, curé. »

Louise Humblot épousa, à Villefranche, le 29 mars 1826, Jean-Claude Ponthus-Cinier, négociant, demeurant à Lyon, rue du Palais, 1, fils majeur de Jean-Joseph Ponthus-Cinier, propriétaire, et d'Antoinette Novet. La bénédiction nuptiale fut donnée par Cuilleron, vicaire.

Elle mourut à Lyon, cours Morand, 19 (paroisse de la Rédemption), dans sa 68ᵉ année, le 14 août 1868, et fut enterrée le 16, au cimetière de la Guillotière.

4º Marie-Françoise-LUCILE. — Née à Bourg, le 8 avril 1802 (18 germinal an X).

Elle mourut à Lyon, rue Cardinal Fesch (paroisse St-Bruno), dans sa 61ᵉ année, le 16 octobre 1862, et fut enterrée le 17, au cimetière de Loyasse.

5º Anne-Charlotte-EMILIE. — Née à Bourg, le 4 août 1803 (16 thermidor an XI).

Elle mourut à Villefranche, dans sa 19ᵉ année, le 5 juin 1822, et fut enterrée le 6, par Fontenelle, vicaire.

6º Pierre-Marie-Charles. — Né à Villefranche, le 24 janvier 1806. Baptisé le 25, par C. Genevey, curé. Parrain : Pierre-Jean Humblot, négociant; marraine : Marie-Anne Truchot, femme de Jean-Louis Humblot.

Charles mourut à Fareins (Ain), dans sa 12ᵉ année, le 27 septembre 1817, et fut enterré le 28, dans le cimetière de Fareins, par Ville, curé.

7° Louis-Marie-François. — Né à Villefranche,
le 22 janvier 1807. Baptisé le même jour, par
C. Genevey, curé. Parrain : Louis Desarbres, propriétaire ; marraine : Marie-Françoise-Laure Humblot, tante de l'enfant.

Louis mourut à Lyon, chemin de Franche-
ville (paroisse Saint-Irénée), dans sa 68ᵉ année, le
28 février 1874, et fut enterré le 1ᵉʳ mars, par
Brun, vicaire.

8° Jean-Marie-Gabriel-Antoine. — Né à Villefranche, le 6 décembre 1808. Baptisé le 26 décembre,
par C. Genevey, curé. Parrain : Jean-Gabriel Desarbres, négociant à Villefranche ; marraine :
Antoinette Humblot, tante de l'enfant.

Gabriel mourut à Fareins, âgé de 13 mois, le
23 janvier 1810, chez Michel Bernard, tisserand,
son nourricier.

9° Joséphine-Elisabeth-Antoinette. — Née à Villefranche, le 22 février 1810. Baptisée le même
jour, par C. Genevey, curé. Parrain : Joseph-
Louis-Jean-Baptiste-Hector Gairal, rentier à Villefranche, représenté par Louis Humblot, oncle
de l'enfant ; marraine : Judith-Louise-Elisabeth
Dubost, femme de Pierre-Jean Humblot.

Joséphine mourut, âgée de 3 mois, le 29 mai
1810, chez Jean-Claude Lyonnais, pêcheur, nourricier, au hameau de Grolonge, à Fareins.

§ I.

RAMEAU a.

V.-a. 1. — Jean-LOUIS.

Fils de Louis Humblot et de Claudine-Jeanne-Marie Rabut. Né à Villefranche, le 20 février 1778. Baptisé le 15 mars, par J.-J. Lièvre, curé. Parrain : Jean-Louis Humblot, oncle paternel ; marraine : Madeleine Rabut, femme Boudet.

Louis épousa Marie-Anne Truchot, en 1805.

Président du tribunal de Commerce — Le 11 octobre 1812, les notables commerçants de l'arrondissement de Villefranche, formés en assemblée électorale pour le renouvellement du tribunal de commerce, élurent Louis Humblot, comme premier juge, en remplacement de Pierre Baloffet, fils aîné. L'élection fut confirmée par décret impérial, donné aux Tuileries le 28 décembre suivant. — Jean-Louis Humblot fut ensuite président du tribunal, de 1819 à 1824. Après une année d'interruption, il fut de nouveau président en 1826.

Conseiller municipal. Adjoint — Nommé conseiller municipal par ordonnance royale du 21 décembre 1815, Louis Humblot était encore en exercice, lorsqu'il devint second adjoint en 1824 (J.-G. Desarbres étant maire, et

Royer-Willot 1ᵉʳ adjoint). — Au procès-verbal
d'installation de Ferdinand Donnet à la cure de
Villefranche, le 28 octobre 1827, il figure comme
« adjoint à la mairie. » Au mariage de sa fille Cécile, le 27 janvier 1830, il est qualifié « négociant
et adjoint à la mairie de Villefranche. » Il était
alors premier adjoint (le 2ᵉ était Simon Perret).

Louis Humblot fut un des onze membres composant le Conseil d'arrondissement de Villefranche, depuis 1817 jusqu'à 1830.

Conseiller d'arrondissement

Un arrêté du ministre de l'intérieur, du 8 janvier 1817, nomma Louis Humblot administrateur de l'hospice de Villefranche. La prise de possession eut lieu le 2 février. (Pièces justificatives;
VI, p. 152, 153).

Administratᵣ de l'hospice

A la séance du 3 mars 1822, Louis Humblot fut chargé provisoirement de remplir les
fonctions d'ordonnateur général, au lieu et place
de son cousin Pierre Humblot, alors malade,
et qui mourut le surlendemain, 5 mars. Il
continua de les remplir aussi longtemps qu'il
fit partie de la commission administrative, même
après qu'il eut été appelé à la présidence, en
1826. Il exerça cette double charge de président et d'ordonnateur jusqu'au renouvellement
intégral de la commission, après la révolution
de 1830. Louis Humblot présida la dernière
séance de la commission le 8 octobre. Le 7 no-

vembre suivant, une nouvelle commission était installée. ⸱

Jean-Louis Humblot mourut chez sa fille Cécile, à Bourg-Argental (Loire), dans sa 84ᵉ année, le 1ᵉʳ juin 1861, et fut enterré le 4, au cimetière de Villefranche, dans le tombeau de famille, par Jean Rubat, vicaire.

Il était communément appelé Humblot-Truchot et Humblot-Montlouis.

Enfants issus du mariage.

(Quatre)

Jean-Louis Humblot épousa, le 12 septembre 1805, Marie-Anne Truchot, fille de feu Jean-Pierre Truchot, avocat en parlement et receveur des gabelles de Villefranche, et de Marie-Anne Dubost. La bénédiction nuptiale fut donnée par C. Genevey, curé.

Marie-Anne Truchot, née le 12 décembre 1784, avait été baptisée, le 13 par R. Desvernay, curé de Villefranche. Parrain : Laurent Dubost, premier échevin, aïeul de l'enfant; marraine : Marie-Anne Micollier, femme de Desarbres l'aîné, grand'tante. — Elle n'avait pas quatre mois lorsque, le 1ᵉʳ avril 1785, son père mourut âgé de 36 ans. — Le 7 février 1821, elle représenta Elisabeth Dubost, femme de Pierre-Jean Humblot, marraine de la 2ᵉ cloche bénite au nom de Sainte

Anne. — Elle mourut à Villefranche, dans sa 71e année, le 2 avril 1855, et fut enterrée le 4, par J. Ferrier, vicaire.

1º Claude-Antoine-PAUL, qui suit (voir p. 118).

2º Marie-Françoise-Emilie-Cécile. — Née à Villefranche, le 1er mai 1808. Baptisée le 2. Parrain : Jean-Jacques Truchot, oncle maternel ; marraine : Marie-Françoise-Emilie Gromier, femme de Claude-Antoine Humblot, tante de l'enfant.

Cécile épousa, à Villefranche, le 27 janvier 1830, Barthélemy Courbon, licencié en droit, avoué près le tribunal civil de première instance de Saint-Etienne (Loire), fils majeur de feu Barthélemy Courbon, avoué à Saint-Etienne, et de Victoire Veyre, demeurant à Lyon. La bénédiction nuptiale fut donnée par F. Donnet, curé.

3º Marie-Anne-Clotilde. — Née à Villefranche, le 27 mars 1810. Baptisée le 28, par Rodet, vicaire. Parrain : Pierre-Jean Humblot, cousin de l'enfant ; marraine : Marie-Anne Micollier, veuve Desarbres, tante de l'enfant.

Le 27 août 1838, à Lacenas, Clotilde Humblot fut marraine de sa nièce Marie-Louise-Clotilde, fille de Barthélemy Courbon, avocat à Saint-Etienne, et de Cécile Humblot.

Elle épousa, à Villefranche, le 5 février 1839, Paul Bréchignac, négociant, propriétaire de mine de houille, fils majeur de Paul-Louis-Magloire Durand-Bréchignac, demeurant au Soleil, commune d'Outre-Furens, près Saint-Etienne (Loire), et de feu Marguerite-Elisabeth-Jeanne Bridou. La bénédiction nuptiale fut donnée par C. Courbon de Faubert, curé. Témoins : Paul Humblot, frère de l'épouse, et Louis Bréchignac, père de l'époux, demeurant à Lyon.

4° François-HENRI — Rameau b (Voir p. 121).

VI. — a. 2 — Claude-Antoine-PAUL.

Né à Villefranche, le 26 juin 1806. Baptisé le même jour, par Cottin, vicaire. Parrain : Claude-Antoine Humblot (oncle de l'enfant), représenté par Pierre-Jean Humblot ; marraine : Marie-Anne Dubost, veuve de Jean-Pierre Truchot.

Il épousa Claudine-Caroline JANSON, en 1834.

Avocat à Lyon ; bâtonnier de l'Ordre (1855-56).

Conseiller à la Cour d'appel de Lyon (1869).

Membre de l'Académie de Lyon (1874).

Enfant issu du mariage.

Paul Humblot épousa, à Beaujeu, le 19 août 1834, Claudine-Caroline Janson, fille de Aimé-Alexis Janson, de Beaujeu, et de Suzanne-Eugénie Teillard.

Caroline Janson était née le 13 décembre 1813. Elle mourut, à Lyon, dans sa 47ᵉ année, le 30 juin 1861.

VII. — a. 3 — Louis-Alexis-EUGÈNE.

Né à Lyon, Cour Saint-Romain, 4, le 18 mars 1836. Baptisé le 21, par Louis Rossat, chanoine, curé de Saint-Jean (1). Parrain : Louis Humblot, négociant et propriétaire à Villefranche, aïeul paternel ; marraine : Suzanne-Eugénie Janson, née Teillard, aïeule maternelle, demeurant à Beaujeu.

Eugène Humblot a épousé Jeanne-Marie-Félicité Vieillard-Baron, en 1862.

Notaire à Beaujeu.

Enfants issus du mariage.

(Six)

Eugène Humblot a épousé, à Autun (Saône-et-Loire), le 8 juillet 1862, Jeanne-Marie-Félicité Vieillard-Baron, née à Autun, le 13 juin 1840, fille de Denis Vieillard-Baron et de Jeanne-Philippine Pernette.

(1) Mort évêque de Verdun.

1º Charles-Eugène-Antoine. — Né à Régnié (Rhône), en octobre 1866.

Il mourut à Régnié, le 1er novembre 1866.

2º Joseph-Jean-Marie-Paul — Né à Lyon, le 21 mai 1868. Baptisé le 23, par Goutard, chanoine, curé de Saint-Jean. Parrain : Claude-Antoine-Paul Humblot, avocat à la cour d'appel de Lyon, aïeul paternel ; marraine : Jeanne-Philippine Pernette, femme de Denis Vieillard-Baron, aïeule maternelle, demeurant à Autun.

3º Denyse-CLOTILDE-Caroline. — Née à Autun, le 28 juillet 1869.

Elle mourut à Autun, le 13 août suivant.

4º Antoinette-Sophie-MARIE. — Née à Régnié, le 29 août 1870. Baptisée le 2 septembre. Parrain : Antoine-Prosper Baron, oncle maternel ; marraine : Sophie Santallier, femme de Victor Baron, grand'tante maternelle par alliance.

5º Marie-Pauline-LOUISE. — Née à Régnié, le 27 février 1875. Baptisée le 6 mars. Parrain : Paul Janson, cousin du côté paternel ; marraine : Marie Mérendet-Morel, femme d'Antoine Prosper Baron, tante maternelle par alliance.

6º Jeanne-Angèle-CAROLINE. — Née à Régnié, le 6 juillet 1880. Baptisée le 10. Parrain : Jean Pine-Desgrange, cousin du côté paternel ; marraine : Angèle de Rivoire, femme de Victor Bréchignac, cousine par alliance du côté paternel.

§ II

RAMEAU b

VI. — b. — François-HENRI.

Fils de Jean-Louis Humblot et de Marie-Anne Truchot. Né à Villefranche, le 24 juin 1817. Baptisé le même jour, par C. Genevey, curé. Parrain : Claude-Marie Dubost, conseiller à la cour royale de Lyon, grand-oncle de l'enfant; marraine : Françoise-Laure Humblot, tante de l'enfant.

Henri épousa, à Régnié (Rhône), en 1846, Elisa DUMAS, fille d'Antoine Dumas, propriétaire à Durette (Rhône), et de Jeanne-Julie Buiron.

Il mourut à Saint-Etienne (Loire), dans sa 57ᵉ année, le 8 février 1874.

Enfants issus du mariage.

(Cinq)

1º Marie-Antoine-Ferdinand. — Né à Régnié, le 10 juin 1847.

2º Jean-Louis. — Né àRégnië, le 25 juin 1849.

3º Jeanne-MARIE-Antoinette. — Née le 11 juin 1852.

Elle a épousé, le 24 juin 1871, Guillaume Balay, de Saint-Etienne.

4º JEANNE-Pauline-Célestine. — Née à Saint-Etienne, le 24 janvier 1859.

5º Jeanne-CÉCILE-Micheline. — Née le 15 juin 1860.

PIÈCES JUSTIFICATIVES

I

JEAN-CHRYSOSTOME HUMBLOT.

1° Nomination et installation d'échevin.

Cejourd'huy dimanche 2ᵉ décembre 1703, sur l'heure de deux de relevée, dans l'hostel commun de Ville-franche, au son de la cloche à la manière accoustumée, assemblée générale a esté convoquée par M. le maire pour procéder à la nomination des deux sujets qui doivent estre présentés à S. A. R. Mgr Philippe, petit-fils de France, duc d'Orléans et baron de Beaujollois, pour les années 1704 et 1705, au lieu et place de Mᵉ Pierre Delandine, notaire royal et procureur au bailliage, et Claude Reynard, marchand bourgeois de cette ville, où estoient lesdits sʳˢ Delandine et Reynard, Louis Despiney, avocat en parlement et audit bailliage de Beaujollois, et Claude Perrin notaire royal et greffier audit bailliage, eschevins de ladite ville, Jean Despiney sieur de Chamgobert, conseiller du roy et lieutenant en l'élection de ce pays, Oudard Bertin, conseiller du roy et esleu en ladite élection, Jean-Baptiste Buiron, procureur et ex-consul, Pierre Gay, greffier en la maréchaussée de ce pays, Pierre Bernard, marchand, Benoist Cusin, procureur.

S'ensuivent les confréries :

Confrérie de Sainte-Anne : Bénigne Mercier, André Carret et Laurent La Sauzé;

Confrérie de Saint-Sébastien : François Chaix, Anthoine Escoffier et Jean Martourey;

Confrérie de Saint-Jacques: Humbert Imbert, Claude Gilbaud et Blaise Bernelin;

Confrérie de Saint-Honoré : Pierre Guillard, François-Marie Lorrin et Pierre Picard;

Confrérie de Saint-Eloy : François Falconnet, Laurent Burdel et Gabriel Saint-Denis;

Confrérie de Saint-Joseph : Pierre Clémenceaux, Philippe Dumont et Jean Lorgriol;

Confrérie de Saint-Crépin : Jacques Savigny, Pierre Huchard et Philibert Marin;

Confrérie de Saint-Symond: Claude Sornay, Claude Rabut, Reymond Berger et Léonnard Yvernat.

Le substitut du procureur du roy et de la ville a requis à ce qu'il soit proceddé à la nomination des deux sujets qui doivent estre présentés à sadite A. R. pour eschevins, les années 1704 et 1705, et que les suffrages

soient recueillis de tous les officiers, bourgeois, marchands et habitants y présens pour, y ceux oüy, estre
proceddé à la pluralité des voix à l'élection desdits
eschevins. Et a signé. — Lespinasse.

Sur quoy, nous maire avons ordonné qu'il sera
présentement proceddé à ladite élection suivant l'ordre
et le rang des vocaux..

Et après que les sieurs Delandine et Reynard, anciens eschevins, ont remercié la compagnie et laissé la
liberté de nommer tels eschevins qu'elle advisera pour
les années 1704 et 1705, il a esté proceddé à ladite
nomination ; et tous les vocaux susnommés, unanimement et d'une mesme voix, ont nommé les sieurs Anthoine Janson, conseiller du roy et lieutenant du maire
de cette ville, et Jean-Chrysostome Humblot, marchand
bourgeois de ladite ville, pour estre présentés à sadite
A. R. Mgr pour eschevins durant les années 1704 et
1705. Dont, sur les conclusions dudit substitut dudit
procureur du roy et de la ville, acte a esté octroyé par
ledit sieur maire.

Fait lesdits jour et an. — Mignot de Bussy, Reynard,
Despiney, Perrin, Lespinasse, substitut du proc.
du roy, Cusin, secr.

Cejourd'huy mardy 8ᵉ janvier 1704, le procureur du
roy et de la ville a dit que, par l'acte d'assemblée du
2ᵉ décembre de l'année dernière 1703, les sieurs Anthoine Janson, conseiller du roy et lieutenant du maire
de cette ville, et Jean-Chrysostome Humblot, marchand
bourgeois de ladite ville, ont esté nommés pour eschevins pour les années 1704 et 1705, laquelle nomination

a esté confirmée par le brevet de S. A. R. Mgr le duc
d'Orléans, baron de Beaujollois, en date du 24 décembre dernier, qu'ainsy il s'agit de recevoir lesdits
sieurs Janson et Humblot à serment et de les installer
dans leurs fonctions, partant requiert qu'en conséquence de ladite nomination et dudit brevet qui sera
enregistré au bas des présentes, lesdits sieurs Janson et
Humblot soient receus à serment et ensuite installés
pour entrer en exercice. Et a signé. — Bottu de la
Barmondière.

Sur quoy, nous maire, après avoir pris desdits
sieurs Janson et Humblot le serment au cas requis, les
avons installés en leurs places pour entrer en exercice
dès cejourd'huy, en présence des sieurs Louis Despiney,
avocat en parlement et au bailliage de ce pays, et
Claude Perrin, notaire royal et greffier audit bailliage,
eschevins, et de sr Claude Reynard, conseiller du roy
et assesseur audit hostel commun. Et ont tous les
susnommés signé avec nous et notre secrétaire.

Fait lesdits jour et an. — Mignot de Bussy,
Despiney, Perrin, Reynard, Janson, J.-C. Humblot,
Cusin, secr.

2° — *Réparation de la principale cloche et
nomination d'un sonneur.*

Ce jourd'huy, 12e juillet 1709, Messieurs les maire,
lieutenant de maire et eschevins assemblés en l'hostel
commun de la ville, Monsieur Humblot, premier éche-

vin, a représenté que depuis longtemps la principalle
cloche de l'eglize collègiale et parroissiale n'est point
en estat de sonner, ce qui l'a engagé, par le zèle qu'il a
pour le service divin et pour la décoration de la ville, à
la mettre en estat de sonner et de le faire à ses frais,
pourveu qu'on voulût accorder le nommé N.... La
Verrière, qui demeure depuis peu en cette ville, très
entendu à l'entretien des cloches et des clochers, pour
sonneur, et qu'on luy donnât le soin de l'horloge du
clocher de ladite églize, aux mêmes gages, appointe-
mens, droits et privilèges attribués à ceux qui ont soin
dudit clocher et dudit horloge.

Sur quoy, l'assemblée, en remerciant ledit sieur
Humblot et en louant son zèle pour le service divin et
pour la décoration de la ville, a accepté ses offres, et,
en conséquence d'iceux, a nommé ledit La Verrière
pour sonneur et pour avoir soin, tant du clocher que de
l'horloge de ladite ville, aux mêmes gages, appointe-
mens, droits et privilèges dont les autres ont joui dans
le même employ, à commencer, toutefois, du jour de sa
mise en possession, à la charge de faire la visite lors
d'icelle, tant du clocher que de l'horloge ; dont sera
dressé procès-verbail par ledit sieur Humblot, nommé
à cet effet, en présence dudit La Verrière et du nommé
Falconnet qui en a eu cy devant le soin ou duebement
sommé par le secrétaire ou soubs secrétaire de la ville,
et à la charge par ledit La Verrière de prêter le serment de fidellement vacquer.

Fait lesdits jour et an. — Mignot, Janson, Bottu
de la Barmondière, Humblot.

II

CHARLES HUMBLOT

1º — Nomination de chanoine.

Alexis Noyel, chevalier, seigneur de Bionnay, grand bailly de Beaujolois, sçavoir faisons que :

Pardevant le notaire royal au bailliage de ladite province, réservé et résidant à Villefranche, soussigné, ce jourd'huy, 30 aoust 1752, sur les trois heures de relevée, en la salle capitulaire, se sont présentés : Mres Louis Pilliet, chantre ; Matthieu Chastelain d'Essertine, curé sacristain ; François Gay ; Jean Perrin ; Claude Escoffier ; Pierre Goyet ; Jean-Baptiste Mousseron ; Jean-Marie Dubost ; Dominique Roland de la Platière ; Jean-Baptiste Meurier, et Mre Julien Decombes, tous prêtres et chanoines au chapitre de l'église collégiale et paroissiale de cette ville, y résidant ;

Lesquels, assemblés capitulairement au son de la cloche et en la manière ordinaire dans ladite salle, voulant remplir la place et nommer à la prébende canoniale vacante par le décez, arrivé d'hier, de Mre Claude-Antoine de la Roche-Laval, l'un d'eux, ont tous unanimement, et chacun séparément, nommé Me Charles Humblot, diacre de ce diocèze, natif de cette ville, y résidant, en ladite prébende canoniale, pour, par ledit Me Humblot, en conséquence du visa qu'il sera tenu prendre de S. E. Mgr l'archevêque de Lyon, prendre possession de ladite prébende canoniale et jouir des fonds, fruits, revenus, émoluments,

honneurs et prérogatives y attribués, et comme en a joui
ledit Mre de la Roche-Laval et qu'en jouissent mesdits
sieurs les chanoines, sans aucun trouble de leur part,
conformément aux us et coutumes du chapitre.

De laquelle nomination mesdits sieurs les chanoines
ont requis acte au notaire soussigné, qui le leur a octroyé pour servir et valoir ce que de raison, les jour
et an que dessus, en la présence de noble Pierre Teillard, avocat en parlement et en ce siège, et de Me Joseph Jacquet, conseiller du roy et son procureur en la
maîtrise de cette province, tous deux résidant audit
Villefranche, témoins soussignés avec mesdits sieurs
les chanoines et notaire royal à la minute, laquelle a
controllée à Villefranche, le 30 aoust 1752, par Me Ronjon qui a receu 6 livres. Expédié. Ardon, notaire royal,
secrétaire du chapitre.

2° — *Institution canonique.*

Petrus de Guerin de Tencin, etc.

Dilecto nobis in Christo Magistro Carolo Humblot,
diacono nostræ diœcesis, salutem in Domino.

Canonicatum et præbendam collegiatæ et parochialis
ecclesiæ oppidi de Villafrancâ, vulgò de Villefranche, in
patriâ bellijocensi, nostræ præfatæ diœcesis, liberos
nunc et vacantes per obitum Mⁱ Claudii Antonii de la
Roche-Laval, illorum ultimi possessoris pacifici, ad quos
quidem per Dnos cantorem, canonicos et capitulum
ejusdem ecclesiæ, eorum canonicatûs et præbendæ
nominatores seu præsentatores se asserentes, fuisti
nobis litteratoriè præsentatus, tibi tanquam sufficienti,

capaci et idoneo reperto, præsenti et acceptanti, et a te formulario subscripto (1), contulimus et conferimus ac de eis illorumque juribus universis providimus et providemus, teque in et de eis instituimus et inves- timus ac in possessionem vel quasi eorumdem posui- mus et induximus tenore et per concessionem præ- sentium litterarum, jure cujuslibet alterius salvo, ipsorum canonicatûs et præbendæ juriumque uni- versorum regimen et administrationem in spiritualibus et temporalibus tibi plenarie committendo ; nos enim a te recepimus juramentum in talibus præstari solitum.

Mandantes proptereà Dnis canonicis et capitulo ejusdem ecclesiæ de Villefranche, seu in eorum recu- sationem, primo presbytero aut notario publico super hoc requirendo quatenus te, seu procuratorem tuum pro te et nomine tuo in corporalem, realem et actua- lem possessionem dictorum canonicatûs et præbendæ, juriumque universorum ponant et inducant, sive alter eorum ponat et inducat, stallum in choro, locum et vo—

(1) Il s'agit du formulaire de foi, touchant la doctrine de la grâce, prescrit par la bulle *Regiminis apostolici* d'A- lexandre VII (15 février 1665). Voici quel était ce formulaire: « Je, soussigné, me soumets à la constitution apostolique du pape Innocent X en date du 31 mai 1653, et à celle du pape Alexandre VII, en date du 16 octobre 1656. Je rejette et condamne, en toute sincérité, sous la foi du serment, et dans le sens entendu par l'auteur, selon que le Saint-Siège les a condamnées par les constitutions sus-énoncées, les cinq propositions extraites du livre de Cornélius Jansénius, intitulé : *Augustinus*. Qu'ainsi Dieu me soit en aide et les saints Evangiles. »

cem in capitulo tibi congrue assignando, servatisque
cæteris solemnitatibus consuetis.

Datum Lugduni, sub sigillo nostro archiepiscopali, signoque nostri vicarii generalis, die Iⁿ mensis septembris, anno Dni 1752, præsentibus ibidem Magistris Stephano Dugaiby et Matthœo Berthier, presbyteris ac
habituatis ecclesiæ nostræ, testibus vocatis et subsignatis. — BERTHIER, DUGAIBY.

3º *Prise de possession.*

Ce jourdhuy dimanche 10ᵉ septembre 1752, issue
de vêpres dites en l'église collégiale et paroissiale de
Villefranche, dans la chambre capitulaire ;

Est comparu, pardevant le notaire royal au bailliage
de Beaujolois, réservé et résidant à Villefranche,
Mre Charles Humblot, diacre en ce diocèse, natif
dudit Villefranche, y résidant, lequel a remontré à
Mre François Besson, bachelier en droits civil et canonique, doyen du chapitre de ladite église, à
Mres Louis Pilliet, chantre, Matthieu Chastelain d'Essertine, curé-sacristain, François Gay, Jean Perrin,
Claude Escoffier, Pierre Goyet, Jean-Baptiste Mousseron, Jean-Marie Dubost, Dominique Roland de la
Platière, et à Mre Jean-Baptiste Meurier, tous prêtres et chanoines audit chapitre, et capitulairement
assemblés dans ladite chambre à la manière ordinaire,
qu'ayant été par eux nommé à la prébende canoniale vacante par le décès de Mre Claude-Antoine
de la Roche-Laval, suivant l'acte reçu du notaire
soussigné, le 30ᵉ aoust dernier, controllé, il s'est pré-

senté à S. E. Mgr le cardinal de Tencin, archevêque
de Lyon, de qui il a obtenu son visa sur ladite nomination le 1er du présent, signé M. de Cydon, suffragant et vicaire général de sadite Eminence, et
contresigné par le sieur Poncet, secrétaire, qui l'auto-
rise à prendre possession de ladite place et prébende
canoniale.

Et à l'instant a requis tant ledit Mre Besson, doyen,
que ledit Mre Pilliet, chantre, de le mettre en la
réelle, actuelle et corporelle possession de ladite prébende canoniale.

A quoy mesdits sieurs doyen et chantre annuants,
accompagnés des chanoines cy-dessus nommés, ayant
été fait lecture desdits nomination et visa, sont sortis
de ladite chambre, et étant entrés dans ladite église,
revêtus chacun de leur surplis et aumus, de même
que ledit Mre Humblot, auraient, mesdits sieurs les
doyen et chantre, pris ledit Mre Humblot par la
main et conduit devant le maître-autel où, ayant fait
les prières ordinaires, l'ont mis et installé en la vraye,
actuelle et corporelle possession de ladite place et prébende canoniale et droits y annexés selon l'institution
du chapitre, pour en jouir avec tous les fruits, profits,
revenus, émoluments, honneurs et prérogatives y attribués, conformément aux us et coutumes dudit
chapitre, à la charge par luy de faire à son tour les
fonctions ordinaires et accoutumées, ayant à cet effet
fait le serment en pareil cas requis.

Ladite prise de possession faite sans qu'il soit survenu aucune opposition; de laquelle ledit Mre Hum-

blot a requis acte qui lui a été octroyé par le notaire
royal soussigné, à Villefranche, lesdits jour et an, dans
ladite chambre capitulaire, en présence de Mre Claude-
François Cusin, conseiller du roy, lieutenant particulier, assesseur criminel en ce siège, de Me Jacques-
Guillaume Trollieur de la Vaupière, aussy conseiller
du roy audit siège, de noble Pierre Teillard, avocat
au parlement et en ce siège, et de Me Charles Bernard de la Serré, greffier en chef en l'élection de cette
province, tous résidants audit Villefranche, témoins
requis. Signé à la minute avec lesdits sieurs du chapitre, ledit Mre Humblot et Ardon, notaire royal et
secrétaire. Laquelle a été controllée à Villefranche, le
11 septembre 1752, par Me Ronjon qui a reçu
6 livres.

Pour ledit Mre Humblot, le requérant, expédié.
Ardon, notaire royal et secrétaire du chapitre — 4 liv.
10 sols

4° — *Résignation du canonicat.*

Aujourd'huy est comparu pardevant le conseiller du
roy, notaire au Châtelet de Paris soussigné, Mre Charles Humblot, prêtre du diocèse de Lyon, et chanoine
de l'église collégiale et paroissiale de N.-D.-des-Ma-
rets de Villefranche-en-Beaujolois, diocèse de Lyon,
demeurant à Paris aux Eudistes, rue des Postes, faubourg Saint-Marcel, paroisse Saint-Etienne-du-Mont,
lequel a, par les présentes, résigné et remis purement
et simplement entre les mains des vénérables doyen
et chanoines composant le chapitre de ladite église

collégiale et paroissiale de N.-D.-des-Marets de Villefranche, ou de telles autres personnes qu'il appartien-
dra, le canonicat dont ledit comparant est pourvu en
ladite église collégiale et paroissiale de N.-D.-des-Ma-
rets de Villefranche, avec tous les droits et apparte-
nances quelconques attachés audit canonicat et en
dépendants, pour y être pourvu et nommé telle personne capable que bon semblera auxdits vénérables
doyen et chanoines, consentant en conséquence que
toutes lettres à ce nécessaires en soient expédiées et
délivrées, jurant et affirmant ledit comparant qu'en la
présente résignation et démission il n'est intervenu et
n'interviendra aucune simonie ny autres pactions
contraires aux dispositions canoniques ; promettant,
obligeant, renonçant, etc..

Fait et passé à Paris en l'étude, le 27e jour de février
1767, et a signé ainsy. Est signé à la minute : Humblot, Lagrève et Buisson. Scellé ledit jour. Insinué aux
greffes des insinuations ecclésiastiques du diocèse de
Paris, le 25 avril 1768 et controllé le même jour.
Reçu 45 s. Chauveau.

III

CLAUDE HUMBLOT

1° — *Procuration* ad resignandum *d'une prébende canoniale en l'église collégiale de Villefranche, en
faveur de Me Humblot.*

Pardevant le notaire royal au bailliage de Beaujollois résidant à Beaujeu, à deffaut de notaire apostolique sur les lieux, et en présence des témoins apprès
nommés, est comparu Me Jean-Marie Dubost, prêtre
chanoine de l'église collégiale et séculière N.-D. du
Château de Beaujeu, et encore chanoine de l'église
collégiale N.-D.-des-Marets de Villefranche, demeurant actuellement au château de Beaujeu, lequel,
jouissant d'une bonne santé, de sa personne et de
tous ses sens, ainsi qu'il est apparu audit notaire et
témoins après nommés, de gré et volonté, a fait et
constitué son procureur général et spécial M........
auquel il donne pouvoir de, pour luy et en son nom,
résigner, céder et remettre entre les mains de N.-S.
Père le Pape, de Mgr son vice-chancellier ou
autres ayants à ce pouvoir, sa prébende canoniale au
chapitre de l'église collégiale N.-D.-des-Marets de Villefranche en Beaujollois, et dont est pourvu et posses-
seur ledit Mre Jean-Marie Dubost ainsi qu'il le déclare,

pour et en faveur, toutesfois, de Me Claude Humblot, clerc tonsuré et quatre minoré du diocèse de Lyon, demeurant à Villefranche, et non d'autres, consentir à l'expédition de touttes lettres sur ce nécessaires, même jurer et affirmer qu'en ce que dessus il n'est intervenu et n'interviendra dol, fraude, simonie ny paction illicite et généralement promettant, etc., obligeant, etc..

Et des présentes, lecture a été faite audit Mre Jean-Marie Dubost, en présence desdits témoins après nommés, auxquels, préalablement à la rédaction des présentes, il a fait déclaration intelligible du contenu auxdites présentes, qui ont été faittes et passées audit Beaujeu, étude dudit notaire soussigné, après midi, le 2e juillet 1758, en présence de Mre Jacques Varenard, prêtre chanoine et sacristain dudit chapitre de Beaujeu, demeurant au château dudit lieu, et de sieur Zacharie Varenard, commissionnaire de vin, demeurant audit Beaujeu, témoins qui ont signé avec ledit sieur constituant ; et soit controllé.

Signé à la minute : Dubost, Varenard, sacristain ; Varenard, et Testenoire, notaire royal. Controllé à Beaujeu le 4 juillet 1758. Reçu 6 fr. Signé Durand. Insinué le 22 juillet 1758.

2° — *Institution canonique.*

Antonius de Malvin de Montazet, Dei gratiâ et sanctæ sedis apostolicæ auctoritate, archiepiscopus et comes Lugdunensis, Galliarum primas, etc.

Universis et singulis præsentes inspecturis notum
facimus quod, visâ et inspectâ signaturâ apostolicâ
commissionis provisionis canonicatûs et præbendæ
sæcularis ac collegiatæ quæ etiam parochialis existit
ecclesiæ B. M. Virginis vulgo *Notre–Dame-des-Marets*
nuncupatæ oppidi de Villefranche in patriâ bellijocensi, nostræ diœcesis, expeditâ sub datùm Romæ
apud S. Mariam Majorem 1º idus augusti, pontificatûs
SS. DD. N. P. Clementis xiiiⁱ anno 1º, obtentâ per
Mᵘᵐ Claudium Humblot, clericum nostræ diœcesis in
eâdem signaturâ principaliter nominatum, postquam
nobis ad plenum constitit et constat super eâdem signaturâ litteras apostolicas informâ expediri posse eum-
demque Mᵘᵐ Humblot esse ad canonicatum et præbendam hujusmodi obtinendos, sufficientem, capa-
cem et idoneum. Nos, authoritate apostolicâ
fungentes hâc in parte, prædictos canonicatum et
præbendam, per liberam resignationem Mⁱ Joannis-
Mariæ Dubost, presbyteri, illorum ultimi possessoris
pacifici, in manibus ejusdem SS. DD. N. P. spontè
factam et admissam aut aliis certis in eâdem signaturâ
expressis modis vacantes, eidem Mº Claudio Humblot
præsenti et acceptanti et ab eo formulario subscripto,
contulimus et conferimus ac de eis illorumque juribus universis providimus et providemus ipsumque
in et de eis instituimus et investimus ac in possessionem vel quasi eorumdem posuimus et induximus
tenore et per concessionem præsentium litterarum
(jure cujuslibet alterius salvo) ipsorum canonicatûs et
præbendæ juriumque universorum regimen et admi-

nistrationem in spiritualibus et temporalibus ipsi plenariè committendo ; nos enim ab eo recepimus juramentum in talibus præstari solitum.

Mandantes proptereà venerabilibus DD. decano, canonicis et capitulo ejusdem ecclesiæ collegiatæ prædictæ seu in eorum recusationem primo presbytero aut notario publico super hoc requirendo, quatenùs eumdem M^{um} Claudium Humblot seu procuratorem ejus pro eo et nomine ipsius, in corporalem, realem et actualem possessionem dictorum canonicatûs et præbendæ, juriumque universorum ponat et inducat, stallum in choro, locum et vocem in capitulo ipsi congrue assignando, servatisque cæteris solemnitatibus consuetis.

Datum Lugduni, sub sigillo nostro archiepiscopali signoque vicarii nostri generalis, die 29ª mensis septembris, anno Dni 1758, præsentibus ibidem MMis Stephano Dugaiby et Matthæo Berthier, presbyteris habituatis ecclesiæ nostræ primatialis, testibus vocatis et subsignatis . — BERTHIER, DUGAIBY, S. AULBIN, præp. vic. glis. De mandato, CARRIER.

3º — *Prise de possesion*

Alexis Noyel, chevalier, seigneur de Bionnay, grand bailly de Beaujollois, sçavoir faisons que :

Pardevant le notaire royal au bailliage de ladite province, réservé et résidant à Villefranche, est, ce jourd'huy 29 octobre 1758, issue de vêpres dites en l'église collégiale et paroissiale de N.-D.-des-Marets de

Villefranche, comparu, dans la salle capitulaire,
Mʳᵉ Claude Humblot, clerc tonsuré en ce diocèse,
natif de cette ville, y résidant, lequel a remontré à
Mʳᵉ François Besson, bachelier en droits civil et cano-
nique, doyen, à Mʳᵉ Louis Pilliet, chantre, à Mʳᵉ Matthieu Chastelain d'Essertine, curé-sacristain, à Mʳᵒ François Gay, à Mʳᵉ Jean Perrin, à Mʳᵉ Claude Escoffier, à
Mʳᵉ Pierre Goyet, à Mʳᵉ Jean-Baptiste Mousseron, à
Mʳᵉ Dominique Roland de la Platière, à Mʳᵉ Julien
Decombes, à Mʳᵉ Charles Humblot, et à Mʳᵉ Bernard-
Pierre Chastelain d'Essertine, tous chanoines au
chapitre assemblé à la manière ordinaire dans ladite
salle que, — sur la résignation faite en sa faveur par
Mʳᵉ Jean-Marie Dubost, prêtre et chanoine audit
chapitre, de sa prébende et place canoniale, — il a
obtenu de N. S. P. le Pape Clément XIII ses provisions
en cour de Rome dattées du 7 des ides d'aoust dernier,
signées en forme, dont les signatures sont même cer-
tifiées par Mᵉˢ Jolyclerc et Fuseau, avocats au parlement, expéditionnaires en cour de Rome, controllées.
Il s'est, en conséquence, présenté à Mgr de Montazet,
archevêque de Lyon, de qui il a obtenu l'institution
sur lesdites provisions, le 22 septembre aussi dernier,
signée de M. le comte de Saint-Aulbin, vicaire général, contresignée par Mᵉ Carrier, qui l'a autorisé à
prendre possession de ladite place et prébende canoniale.

Et à l'instant ledit Mᵉ Claude Humblot a remis à
mesdits sieurs lesdites provisions et visa, lesquels
ayant trouvé en bonne forme par la lecture qui en a

été faite, il a requis ledit Mre Besson, doyen, et ledit Mre Pilliet, chantre, de le mettre en la vraye, réelle, actuelle et corporelle possession.

-A quoy mesdits sieurs doyen et chantre adhérants, accompagnés de mesdits sieurs du chapitre, lesdits Mes Besson, Pilliet et autres messieurs les chanoines étant sortis de ladite salle capitulaire, revêtus chacun de leurs surplis et aumus, de même que ledit Mre Claude Humblot, auroient mesdits sieurs pris ledit Mre Claude Humblot par la main, conduit au devant le grand autel, y ayant fait les prières ordinaires, l'ont, au son de la cloche, installé en la réelle, corporelle, actuelle possession de ladite place et prébende canoniale, en conséquence de la résignation dudit Mre Dubost, et droits y annexés selon l'institution du chapitre, pour en jouir, et des fruits, profits, revenus, émoluments, honneurs et prérogatives y attribués, conformément aux us et coutumes dudit chapitre, à la charge par luy de faire à son tour les fonctions ordinaires et accoutumées, ayant à cet effet fait le serment au cas requis.

Laquelle prise de possession s'est faite sans qu'il soit survenu aucune opposition ; de laquelle ledit Me Claude Humblot a requis acte audit notaire qui le luy a octroyé, à Villefranche, les jour et an que dessus, dans ladite salle capitulaire, en présence de Me Gabriel Serre, prêtre en ce diocèse, de Me Jean-Alexis Chastelain d'Essertine, clerc tonsuré audit diocèse, de noble Jean-Baptiste Buiron, avocat au parlement et en ce siège, premier échevin de cette ville, de sieur Arnoux

Buiron, de sieur Claude Desarbres, de sieur Laurent
Roland de la Platière, et de noble Jean-André Gontard, conseiller du roy et son médecin en cette ville,
tous y résidants, témoins requis soussignés, avec
mesdits sieurs du chapitre, et ledit Mre Claude Humblot.

Est signé à la minute : C. Humblot ; Besson, doyen ;
Pilliet, chantre ; Chastelain d'Essertine, curé-sacristain ;
Gay, Perrin, Escoffier, Goyet, Mousseron, Roland d e
la Platière, Decombes, Humblot, d'Essertine, Serre,
prêtre ; Chastelain d'Essertine, Buyron, Buyron, Roland, Desarbres, Gontard, et Ardon, notaire royal.
Laquelle a été contrôllée à Villefranche, le 6 nov. 1758.
par Me Ronjon, qui a receu 6 livres.

Pour Me Claude Humblot, chanoine. Expédié.
Ardon, notaire royal.

IV

JEAN-BAPTISTE HUMBLOT

1° *Nomination de sous-lieutenant dans la milice bourgeoise.*

Le 3ᵉ juin 1752, Messieurs les maire et échevins assemblés, M. Barnoud, capitaine du quartier Rouge, s'est présenté et a dit que, dans sa compagnie, il manquait un sous-lieutenant, et, pour remplir ladite place, il nous a présenté M. Jean-Baptiste Humblot, bourgeois de cette ville, qu'il nous a priés d'agréer et confirmer dans ladite place de sous-lieutenant dudit quartier Rouge.

Sur quoy, la matière mise en délibération, Messieurs ont délibéré et arrêté que ledit sieur Jean-Baptiste Humblot demeureroit receu en ladite place de sous-lieutenant dudit quartier Rouge, à la charge par luy de remplir les fonctions de ladite place sous l'autorité du Corps de ville et de prêter le serment entre les mains de M. le Maire, conformément[à l'édit du mois de décembre 1706.

En conséquence, ledit sieur Jean-Baptiste Humblot, cy présent, a prêté le serment au cas requis, moyennant lequel il a promis de bien et duement remplir les fonctions de ladite place.

Et ont lesdits sieurs Barnoud et Humblot signé avec Messieurs. — BARNOUD, JACQUET DEPONTBICHET, J.-B. HUMBLOT, CHATELAIN DESSERTINE, TEILLARD, JACQUET, DUCROUX.

2° *Nomination de lieutenant.*

Nous, capitaine de la milice bourgeoise de la ville de Villefranche en Beaujolois, au quartier Blanc, informé de la religion, vie et mœurs, capacité et expérience de M. Jean-Baptiste Humblot, négociant bourgeois de cette dite ville, ayant fait le service de sous-lieutenant en la compagnie du quartier Rouge, l'avons nommé, sous le bon plaisir de Messieurs les échevins de cette ville, pour lieutenant du quartier Blanc, en laquelle qualité nos soldats seront tenus de le reconnoître et lui obéir pour le service de Sa Majesté et de ladite ville, à la charge par lui de faire enregistrer le présent brevet aux registres de la maison de ville à la manière accoutumée.

Donné à Villefranche, le 4 septembre 1763. — DUBOST.

Nous, échevins de la ville de Villefranche, vu la présentation et nomination faite par le sieur Dubost, capitaine du quartier Blanc, de la personne du sieur Humblot pour lieutenant de ladite compagnie, avons icelle nomination agréée et confirmée. Ordonnons, en conséquence, qu'elle sera enregistrée sur le registre de l'Hôtel-de-Ville pour être exécutée selon sa forme et teneur, en prêtant par ledit sieur Humblot le serment en la manière accoutumée.

Fait en l'Hôtel-de-Ville, les jour et an que dessus.
— Pesant, Jacquet le jeune, Gaillard, Ardon.

Enregistré en conséquence de l'ordonnance de MM. les échevins, en date de ce jour, par moi secrétaire de l'Hôtel-de-Ville soussigné.

A Villefranche, le 4 septembre 1763. — Laplatte, secrétaire.

3⁰ Nomination de capitaine.

Cejourd'huy 17 décembre 1774, MM. les maire et échevins assemblés à l'Hôtel-de-Ville à la manière accoutumée, où ils ont invité MM. les capitaines de quartiers de la milice bourgeoise pour délibérer sur le choix qu'il convient de faire d'un sujet pour remplir la place d'aide-major, vacante par le décès de M. Perrin, et de deux autres sujets, l'un, pour remplir la place de celui qui sera appelé à ladite place d'aide-major, et l'autre, pour remplir celle de capitaine du quartier Jaune, en conséquence de la démission qu'en a faite M. Trouillioux, suivant sa lettre du 8 may 1773.

Sur quoy, la matière mise en délibération, M. Pein, actuellement capitaine du quartier Violet, a été unanimement nommé pour remplir ladite place d'ayde-major, au lieu et place dudit M. Perrin, M. Jean-Baptiste Humblot, lieutenant du quartier Blanc, plus ancien des lieutenants et sous-lieutenants, a été aussi unanimement nommé pour remplir ladite place de capitaine du quartier Violet, et M. Benoît Aubry,

actuellement lieutenant du quartier Jaune, aussi l'un
des plus anciens des lieutenants et sous-lieutenants, a
été de même unanimement nommé pour remplir
ladite place de capitaine du quartier Jaune, au lieu de
M. Trouillioux, sous l'agrément de S. A. Mgr le duc
d'Orléans et de M. le commandant pour le Roy dans
ce gouvernement, à la charge par lesdits sieurs Pein,
Humblot et Aubry, de prêter serment entre les mains
de MM. les maire et échevins à la manière ordinaire.

Et sur le champ se sont présentés lesdits sieurs Pein,
Humblot et Aubry, lesquels, après avoir accepté lesdites places suivant les usages qui se pratiquent et de
se conformer aux règlements de la milice bourgeoise,
au moyen de quoy, ils seront reconnus dans le bataillon aux dites qualités.

Et ont signé avec lesdits sieurs Pein, Humblot, Au-
bry et mesdits sieurs capitaines présents. — BAR-
NOUD, AUBRY, HUMBLOT, PEIN, MICOLLIER, DESTRE,
BONNEVAY, DUBOST, JACQUET le jeune.

4º — Nomination de capitaine de la Compagnie de l'Arquebuse.

Cejourd'huy 7 septembre 1784, MM. les maire et
échevins assemblés en l'Hôtel-de-Ville en la manière
accoutumée, M. Jean-Baptiste Humblot aîné y est
entré et a dit que, par délibération de la compagnie
de l'Arquebuse du 11 décembre 1783, et d'après la
démission de M. Lemau de la Barre, il a été nommé

capitaine de ladite compagnie ; qu'il nous supplie d'homologuer ladite délibération pour être exécutée suivant sa forme et teneur, et d'en ordonner l'enregistrement sur l'extrait qu'il présente.

Sur quoy, la matière mise en délibération, nous maire et échevins, vu ladite délibération contenant nomination de la personne de mondit sieur Humblot pour capitaine de la compagnie de l'Arquebuse, avons homologué ladite délibération et confirmé ladite nomination ; à l'effet de quoy qu'elle sera exécutée suivant sa forme et teneur.

Et sera, ladite délibération, enregistrée à la suite des présentes. Et ont signé avec mondit sieur Humblot : — PESANT, CHASSET, DUBOST, BUYRON, HUMBLOT, LA-PLATTE, secr.

Extrait des registres de la Compagnie de l'Arquebuse.

Apert, par délibération du 12 décembre 1783, que, d'après la démission de M. Lemau de la Barre, M. Jean-Baptiste Humblot aîné a été nommé capitaine de la compagnie de l'Arquebuse.

Pour extrait : — BUTTY, secr.

5o — *Brevet et installation d'échevin.*

Mgr premier prince du sang, duc d'Orléans, de Valois, de Chartres, de Nemours et de Montpensier, comte de Vermandois et de Soissons, s'étant fait

rendre compte du procès-verbal de l'assemblée générale des habitants de la ville de Villefranche-en-Beaujolois, tenue le 16 décembre dernier pour l'élection
d'un maire et de deux échevins, S. A. S. a choisi,
entre les trois sujets qui lui ont été présentés pour
chacune desdites places, et nommé, pour maire de la
ville de Villefranche, le sieur Pesant, avocat et ancien
échevin, et, pour échevins, les sieurs Dubost, ancien
procureur, et Humblot, négociant, au lieu des sieurs
Micollier, Jacquet et Gaillard, dont le temps de leur
exercice est expiré depuis longtemps. Pour, par
chacun des nouveaux élus, exercer les fonctions
desdites places, sçavoir, le maire pendant trois ans, à
la charge de prêter le serment requis entre les mains
du sieur lieutenant général du bailliage et sénéchaussée de Villefranche, et les échevins pendant
deux années, à la charge de prêter le serment aussi
requis entre les mains du nouveau maire.

Fait au Palais Royal à Paris, le 3 janvier 1782.
— L. PHIL. d'Orléans. Et plus bas : DEMARY.

Le brevet cy-dessus a été par moi, greffier de la sénéchaussée du Beaujolois soussigné, enregistré sur le
registre à ce destiné, en exécution de l'ordonnance de
M. le lieutenant général audit siège, en date de ce
jour.

A Villefranche, ce 22 janvier 1782. — BARROT.

Le 23 janvier 1782... dans la même assemblée (où
Pesant venait d'être installé maire) se sont aussi présentés M. Dubost, ancien procureur en la sénéchaussée,
et M. Humblot l'ayné, négociant, qui ont dit que sa-

dite A. S. (le duc d'Orléans) les a également honorés
de son choix, savoir, ledit M. Dubost pour 1er échevin,
et mondit sieur Humblot pour second échevin, aussi
sur la présentation des sujets indiqués dans le procès-
verbal d'assemblée dudit jour, 16 décembre, à la
charge par eux de prêter le serment en pareil cas
requis, entre les mains de mondit sieur Pesant, nouveau maire; et désirant être installé dans lesdites
places de 1er et 2me échevins, ils requièrent à ce que
acte leur soit donné du serment qu'ils sont prêts de
prêter, à la manière accoutumée, de bien et fidellement
exercer les fonctions de 1er et 2me échevins, conformément au brevet de sadite Altesse. Et ont mesdits
sieurs Dubost et Humblot signé : — HUMBLOT aîné,
DUBOST.

Nous maire susdit, vu la commise faite de notre
personne pour recevoir le serment desdits sieurs Dubost et Humblot, portée dans le brevet de sadite Altesse du 3 janvier présent mois, laquelle nous avons
acceptée avec honneur, et, attendu la présence de
mesdits sieurs Dubost et Humblot, nous avons d'eux
séparément pris et reçu le serment qu'ils ont fait
entre nos mains, à la manière accoutumée, de bien et
fidellement exercer les fonctions de 1er et 2me échevins,
conformément audit brevet qui sera enregistré à la
suite des présentes. En conséquence, mesdits sieurs
Dubost et Humblot ont été installés dans lesdites
places et ont signé avec nous maire susdit et le secrétaire de l'Hôtel-de-Ville. — PESANT, DUBOST, HUM-
BLOT aîné, LAPLATTE, secr.

V

PIERRE-JEAN HUMBLOT

1° — Nomination de sous-lieutenant dans la
milice bourgeoise.

Nous soussigné, capitaine du quartier Gris-de-lin
de la milice bourgeoise de Villefranche, informé de
l'excellence des qualités, bonnes mœurs, religion et
expérience de Monsieur Pierre Humblot fils, de cette
ville, sous le bon plaisir de MM. les maire et échevins de cette ville, colonels de notre milice bourgeoise, l'avons choisi et nommé pour sous-lieutenant
de notre compagnie Gris-de-lin, en laquelle qualité les
soldats de notre quartier seront tenus de le reconnoître
et de lui obéir en tout ce qui concerne le service du
Roy et de ladite ville, à la charge par lui de se conformer aux ordonnances et règlements de la milice
bourgeoise.

Donné à Villefranche, le 1er juin 1786. — BUYRON.

(EXTRAIT.)

Cejourd'huy 8 juin 1789, MM. les échevins assemblés à l'Hôtel-de-Ville en la manière accoutumée, et
ayant convoqué MM. les officiers de la milice bourgeoise... Mesdits sieurs Humblot fils ayné et Lièvre.

cadet ont dit qu'il leur a été accordé à chacun un brevet de sous-lieutenant, le 1er juin 1786, sçavoir, audit sieur Humblot, dans le quartier Gris-de-lin, et audit sieur Lièvre, dans celui Vert ; qu'ils ont été par nous agréés et qu'ils en ont rempli les fonctions chaque fois qu'ils ont été commandés, et notamment depuis la cérémonie qui fut faite pour la bénédiction du drapeau du bataillon qui se fit le 6 dudit mois de juin ; que c'est par oubli que leurs brevets ne furent pas enregistrés à cette époque. En conséquence, ils nous requièrent vouloir ordonner lesdits enregistrements pour prendre date à compter dudit jour, 6 juin 1786.

Et ont signé. — HUMBLOT fils.

(Suit une délibération favorable à la demande). — MICHET, Jacques TALON, BUTTY, L. DESARBRES.

2° — *Nomination et installation d'administrateur de l'hospice.*

Cejourd'huy 8 avril 1810, MM. les administrateurs de la commission de l'hospice se sont réunis dans la salle ordinaire de leurs séances, présidés par M. le maire.

M. Desarbres, recteur économe, a rapporté un arrêté de S. Exc. le ministre de l'intérieur, en date du 27 février 1810, adressé à l'administration par M. le sous-préfet de cet arrondissement, lequel porte que M. Humblot aîné, négociant, demeurant à Villefranche, est nommé membre de cette administration, en remplacement de M. Derivoire, sorti par suite de la loi du 7 germinal an XIII. De quoi il a été donné connaissance à M. Humblot, qui a été invité de se rendre au bureau pour y être installé.

M. Humblot, s'étant rendu à cette invitation, a déclaré qu'il accepte la nomination qui a été faite de sa personne ; après quoi, il a été installé membre de l'administration et a pris part aux délibérations. — KENECHEL, BOTTU ST-FONTS, BOIRON, P. HUMBLOT, J.-P. DESARBRES, GAIRAL.

3° — *Nomination d'ordonnateur général.*

Dans la séance de la commission administrative de l'hospice de Villefranche, du 1er mars 1818, où étaient MM. Janson, président, Humblot aîné, Desarbres, Micollier et Humblot-Truchot, administrateurs ;

M. Janson a dit que M. Jean-Gabriel Desarbres ayant été nommé maire de la ville et ne pouvant plus, dès lors, remplir les fonctions d'ordonnateur général, il convenait de procéder à son remplacement. En conséquence, M. Janson a invité les membres présents à procéder à cette nomination par la voie du scrutin. Ce qui a été exécuté à l'instant. Dépouillement fait du scrutin, la majorité des voix se sont réunies sur M. Humblot aîné. Il a été, en conséquence, nommé ordonnateur général. L'administration arrête qu'ultérieurement il sera procédé à la présentation de cinq candidats pour remplacer M. Desarbres comme membre de l'administration. — J.-P. DESARBRES, JANSON, L. HUMBLOT, P. HUMBLOT.

VI

JEAN-LOUIS HUMBLOT

1° — Nomination et installation d'administrateur
de l'hospice.

Dans la séance de la commission administrative de
l'hospice de Villefranche, du 2 février 1817, où étaient
MM. Boiron, président, et P.-J. Humblot, administrateur, à laquelle est venu assister M. l'adjoint de la
commune, exerçant les fonctions de maire ;

Il a été fait lecture d'une lettre du 30 du mois dernier, dans laquelle M. l'adjoint, donnant copie d'un
arrêté de S. Ex. le ministre de l'intérieur, à la date
du 8 du même mois, qui nomme M. Jean-Pierre Desarbres en continuation de fonctions, M. Louis Humblot, en remplacement de M. Gairal, démissionnaire,
et M. Bonnefont, en remplacement de M. Boiron,
membre sortant comme le plus ancien, annonce qu'il
se propose d'être à leur installation.

M. Louis Humblot s'étant rendu au bureau, sur
l'invitation qui lui en a été faite, en vertu de cet arrêté, dont il lui a été fait lecture, a déclaré qu'il accep-
tait les fonctions d'administrateur auxquelles il était
appelé, et a pris séance. — L. HUMBLOT, BONNEVAY aîné,
BOIRON, P. HUMBLOT.

2º — *Réélection d'ordonnateur général et de président.*

Cejourd'hui 18 février 1827, dans la séance de la commission administrative de l'hospice de Villefranche, où étaient présents M. Desarbres-Micollier, administrateur, faisant fonction de président à cause de l'empêchement de M. Humblot-Truchot, Rejaunier-Coindre, Peyré et Chanrion, administrateurs ;

Mondit sieur Desarbres-Micollier a donné connaissance d'une lettre écrite à l'administration par M. le maire, le 24 janvier dernier, portant que, par une décision ministérielle du 14 décembre précédent, M. Humblot-Truchot, administrateur, ordonnateur général, a été réappelé auxdites fonctions.

M. Humblot-Truchot, ici présent, ayant déclaré qu'il accepte sa réélection, l'administration déclare qu'il est continué dans ses fonctions d'administrateur ordonnateur général.

MM. les administrateurs procèdent ensuite à la nomination du président de la commission administrative. La majorité des voix s'est réunie sur mondit sieur Humblot-Truchot, qui est également installé dans lesdites fonctions de président.

Fait en conseil d'administration, à Villefranche, les jour, mois et an susdits. — J. L. C. DESARBRES, CHANRION, L. HUMBLOT, PEYRÉ, REJAUNIER-COINDRE.

TABLE

6089. — Imp. WALTENER ET Cⁱᵉ, rue Belle-Cordière, 14. — Lyon.